Eigentlich will Hedwig Leydenfrost ihren neunzigsten Geburtstag im kommenden Jahr nicht feiern. Als aber im engsten Familienkreis die Idee aufkommt, das Fest mit einer Spendenaktion für Flüchtlinge zu verbinden, stimmt die einstige Wortführerin der außerparlamentarischen Opposition doch noch zu. Unterstützt wird sie dabei von ihrem fast ebenso alten Bruder Leonhardt, einem pensionierten Bibliothekar.
Die Monate in ihrem brandenburgischen Heimatdorf vergehen. Es wird Winter, und der scharfe Ostwind bläst durch die alten Fenster. Auf Eis und Schnee folgt die Schlehen- und Apfelblüte. Die Jahreszeiten wechseln sich ab, der neunzigste Geburtstag rückt immer näher …
Günter de Bruyn erzählt in seinem meisterhaften »Idyll« von zwei Menschen am Ende ihres Lebens, denen die Welt um sie herum immer fremder wird. Ohne Zukunft, den Tod vor Augen, bleibt ihnen nur noch die Erinnerung.

Günter de Bruyn wurde am 1. November 1926 in Berlin geboren und lebte seit 1969 im brandenburgischen Görsdorf bei Beeskow als freier Schriftsteller. Er wurde mit zahlreichen Preisen ausgezeichnet, u. a. dem Heinrich-Böll-Preis, dem Thomas-Mann-Preis, dem Nationalpreis der Deutschen Nationalstiftung, dem Eichendorff-Literaturpreis und dem Johann-Heinrich-Merck-Preis. Zu seinen bedeutendsten Werken gehören u. a. die beiden kulturgeschichtlichen Essays »Als Poesie gut« und »Die Zeit der schweren Not«, die autobiographischen Bände »Zwischenbilanz« und »Vierzig Jahre« sowie die Romane »Buridans Esel« und »Neue Herrlichkeit«. Zuletzt erschien bei S. Fischer der Titel »Der neunzigste Geburtstag« (2018). Günter de Bruyn starb am 4. Oktober 2020 in Bad Saarow.

Weitere Informationen finden Sie auf *www.fischerverlage.de*

GÜNTER DE BRUYN

Der neunzigste Geburtstag

Ein ländliches Idyll

FISCHER Taschenbuch

Aus Verantwortung für die Umwelt hat sich der S. Fischer Verlag zu einer nachhaltigen Buchproduktion verpflichtet. Der bewusste Umgang mit unseren Ressourcen, der Schutz unseres Klimas und der Natur gehören zu unseren obersten Unternehmenszielen.

Gemeinsam mit unseren Partnern und Lieferanten setzen wir uns für eine klimaneutrale Buchproduktion ein, die den Erwerb von Klimazertifikaten zur Kompensation des CO_2-Ausstoßes einschließt.

Weitere Informationen finden Sie unter:
www.klimaneutralerverlag.de

FSC www.fsc.org
MIX
Papier aus verantwortungsvollen Quellen
FSC® C083411

Erschienen bei FISCHER Taschenbuch
Frankfurt am Main, Oktober 2021

Satz: Dörlemann Satz, Lemförde
Druck und Bindung: CPI books GmbH, Leck
Printed in Germany
ISBN 978-3-596-70315-9

1.

Der Plan, Hedwig Leydenfrosts neunzigsten Geburtstag festlich zu gestalten, war erstmals erörtert worden, als man ihres neunundachtzigsten Geburtstages wegen bei ihr zusammensaß. Nur sie selbst war anfangs dagegen gewesen, weil ihr das Gefeiertwerden zeitlebens peinlich und lästig gewesen war. In ihren politisch aktiven Jahren, als es sich manchmal nicht hatte vermeiden lassen, war dieser Tag für sie ein verlorener gewesen, ein unnützer Aufwand an Zeit, Kraft und Geld. Dass ihr die feiernd vergeudeten Stunden auch im Alter noch fehlen werden, wagte sie auch jetzt gegen das Vorhaben einzuwenden, obwohl jeder das lächerlich finden musste, weil der im Ruhestand Lebenden doch Zeit im Überfluss zu Verfügung stand. Ihrer Befürchtung, ihr schwacher Körper könne im Trubel des Festes versagen, wurde mit der Versicherung begegnet, dass sie sich doch nur feiern zu lassen brauche, alles Praktische werde von den Jüngeren bewältigt werden, und das Organisatorische und Rhetorische liege zuverlässig in Leonhardts Hand.

Die kleine Runde, die sich da im Jahre 2015 bei Hedwig Leydenfrost versammelt hatte, wurde von ihr gern »meine Familie« genannt. Sie bestand aus Leonhardt Leydenfrost, ihrem ein Jahr und zwei Monate jüngeren Bruder, dessen Tochter Wilhelmine Kunze, die ein blasses Söhnchen namens Walter zur Seite hatte, und Fatima Müller, die im Dorf für Hedwig Leydenfrosts Tochter gehalten wurde, was aber nicht ganz der Wahrheit entsprach.

Fatima war als Kind mit ihrer kranken Mutter aus Bosnien nach Hamburg geflüchtet und hatte bei den Maltesern, die ihre Mutter gepflegt und schließlich beerdigt hatten, durch ihre herzzerreißende Hilflosigkeit den bisher nicht nur unterdrückten, sondern auch geleugneten Mutterinstinkt der Frau Dr. Leydenfrost freigesetzt. Bei ihr, die bald darauf pensioniert wurde, war die damals Achtjährige aufgewachsen und mit ihr nach Wittenhagen übergesiedelt, als die innerdeutsche Grenze beseitigt war. Ihre Verbundenheit mit der Pflegemutter war so innig, dass sie sich deren Heimatliebe zu eigen gemacht hatte, in Wittenhagen also auch gefühlsmäßig zu Hause war. Niemand hatte sich deshalb darüber gewundert, dass sie nach fünfjähriger Ehe mit einem redegewandten Herrn Müller aus Sachsen wieder zurückgekehrt war. Wie sie erzählte, hatte Herr Müller, der landespolitisch im Freistaat eine nicht unbedeutende Rolle gespielt und für Wahlveranstaltungen eine Vorzeige-Frau gebraucht hatte, ihr zu verstehen gegeben, dass sein Jawort der orientalischen Schönheit einer Neunzehnjährigen gegolten hatte, nach deren Verblühen aber nicht mehr galt.

»Sei froh, mit heiler Haut und gesunder Seele davongekommen zu sein«, hatte Leonhardt Leydenfrost bei ihrer Heimkehr verlauten lassen, ihr mehrmals versichert, dass von Verblühen keine Rede sein konnte, und ihr Folgendes eingeschärft: »Wer sich auf Politik einlässt, wird entweder charakterlich verbogen, oder er kommt, zumindest moralisch, in ihr um.«

Solche Weisheiten musste seine Schwester schon deshalb ärgerlich finden, weil sie sich selbst als Gegenbeweis dieser Behauptung empfand. In jungen Jahren nämlich war sie der Politik mit Haut und Haar und ganzer Seele ergeben gewesen, als radikale Wortführerin der außerparlamentarischen Opposition. Ihre damaligen Mitstreiter, die inzwischen altersmüde geworden oder gestorben waren, hatten aus ihrem Rufnamen Hedi, der ihnen zu treudeutsch geklungen hatte, eine Hedy gemacht. Unter diesem Namen war sie kurzzeitig berühmt gewesen, und mit ihm hatte sie auch die Parteigründungsurkunde unterschrieben, als die Sturm-und-Drang-Periode ihrer Bewegung zu Ende gegangen war.

Ihr Ruhm, der selbst in ihrer eignen Erinnerung langsam verblasste, war bis in ihre weit östlich gelegene Heimat vermutlich nie gedrungen, so dass sie jetzt in Wittenhagen ganz unbelästigt davon war. Hier war sie lediglich die Älteste des Dorfes, die nur auf Ämtern mit Frau Dr. Leydenfrost angeredet wurde, die Dorfbewohner nannten sie Oma, womit sich ihre Haltung dem hohen Alter gegenüber einfach und deutlich ausdrücken ließ.

»Da Senioren, wie die Greise neuerdings heißen, im Zeitalter der Elektronik nicht mehr die Weisheit, sondern die Unwissenheit verkörpern, muss man sich diese Unart gefallen lassen«, pflegte Leonhardt Leydenfrost zu bemerken, wenn von Klagen über derartige Unsitten die Rede war. Er hatte als Einziger aller Verwandten und Bekannten die Kurzform des Namens seiner Schwester, ob nun Hedi oder Hedy, immer vermieden. Für ihn hatte sie also lebenslang Hedwig geheißen. »Der Kleine musste immer aus der Reihe tanzen«, sagte die große Schwester dazu.

Dass sie sich am Ende der Debatte zu den Feierlichkeiten des nächsten Jahres doch noch bereiterklärte, war dem Einfall Fatimas zu danken, ihr am Ende ihres Lebens noch einmal Gelegenheit zu politischer Wirksamkeit zu geben, indem sie ihre Geburtstagsgäste um finanzielle Beiträge zur kürzlich von der Kanzlerin kreierten Willkommenskultur bitten sollte. Die dazu erforderliche Gründung eines Fördervereins versprach Fatima in die Wege zu leiten. Als Mitarbeiterin des Landratsamts war sie mit den dazu notwendigen bürokratischen Maßnahmen vertraut.

Überraschenderweise verhielt sich auch Hedwigs Bruder, der ihre Meinung nur selten teilte, zu dieser Politisierung nicht ablehnend, er schlug vielmehr eine Verbesserung vor. »Machen wir es doch wie die

Pressefotografen, die sich aus den von der Kanzlerin eingeladenen Asylantenscharen nicht die vielen jungen Männer, sondern die wenigen Kleinkinder und Mütter als Fotoobjekte wählen, damit Mitleid erregt wird statt Angst. Wir sollten diesem Beispiel folgend nicht der Flüchtlinge, sondern der Flüchtlingskinder wegen die Gäste um Zahlung bitten, Mitleid öffnet die Konten eher als Unbehagen und Angst.«

2.

Er spreche aus Erfahrung, war von Leonhardt Leydenfrost oft zu hören, wenn er Urteile fällte oder Ratschläge gab. Auf Politik bezogen, war seine Berufung auf Erfahrung aber übertrieben, besonders wenn er sie achtzigjährig nannte und damit ein belustigtes Mundverziehen seiner Schwester provozierte, die ihn dann daran erinnerte, dass er vor achtzig Jahren ein naseweiser und weinerlicher Dreikäsehoch gewesen sei.

Hätte Leo, wie er schon als Kind genannt wurde, nicht von politischer Erfahrung, sondern von politischem Erleiden geredet, wäre er der Wahrheit näher gekommen, denn dass die Politik sein Leben häufig bestimmt hatte, stritt auch die politisch viel regsamere Schwester nicht ab. Mit einer Uniform, die schon der Zehnjährige ein- oder zweimal in der Woche gegen seinen Willen hatte tragen müssen, hatte das unselige Eingreifen in sein Leben begonnen und sich jahrelang mit Marschieren und Gehorchenmüssen fortgesetzt. Statt zu spielen, zu lesen oder seine stetig wachsende Büchersammlung zu ordnen, hatte er exerzieren, Latrinen säubern und Kanonen bedienen müssen, bis diese zu seiner Freude verschrottet wurden – sie wurden aber, wie er nach einer viel zu kurzen Pause, die ihm die Politik zum Aufatmen und Jubeln gönnte, durch andere, viel wirksamere Schießgeräte relativ rasch wieder ersetzt. Mit diesen hatte er dann glücklicherweise nichts mehr zu tun.

Der innere Jubel, der 1945 die ersten Stunden ungestörter Lektüre in eigner Behausung und ziviler Kleidung begleitet hatte, war stark gedämpft worden vom plötzlichen Tod seiner Mutter, der unter Umständen, die nie geklärt wurden, einige Wochen nach Ankunft der russischen Truppen in Wittenhagen erfolgt war. Der Verlust der Mutter hatte ihn tief getroffen, der des Familienbesitzes aber kaum. Da die Äcker und Wiesen, Pferde, Rinder und Schweine, die das Einkommen der Familie gesichert hatten, nie sein Interesse hatten erregen können, bedeutete ihm die Enteignung des Gutes wenig, ein Landwirt zu werden, hatte er nie vorgehabt. Sein Vater, der nach der formellen Enteignung des Betriebes die anfallenden Arbeiten noch bis zur Kartoffelernte geleitet hatte, dann aber des Ortes verwiesen wurde, hatte sich mit seiner Tochter Hedwig zusammen auf Schleichwegen nach dem deutschen Westen begeben, wo er mit seinem jüngeren Bruder Eckhardt, der den Krieg in britischer Gefangenschaft überlebt hatte, zusammengetroffen war. Obwohl Eckhardt ihm eine einträgliche Stellung in der Gummifabrikation hatte verschaffen können, ertrug er das Leben ohne seine

Pferde und Äcker nicht. Schon zu Beginn des Wirtschaftswunders hatte er eigenhändig seinem von Heimweh zerfressenen Dasein ein Ende gemacht.

Leo, der Wittenhagen bald nach dem Tode der Mutter verlassen hatte, war so glücklich gewesen, in einer der großen Bibliotheken Ost-Berlins als Hilfskraft beschäftigt zu werden und später dort auch als Fachkraft arbeiten zu können, als sein Studium beendet war. Ein Aufstieg in der Bibliothekshierarchie war ihm nicht möglich gewesen, da er sich immer geweigert hatte, in die Staatspartei einzutreten, doch hatte die Gelegenheit, seine geliebte Maria hier kennenzulernen, diese Missachtung seiner Fähigkeiten weitaus ersetzt. Obwohl er ständig Kritik an der politischen Bevormundung geäußert hatte, war er in seiner Stellung noch lange geduldet worden, und selbst nachdem man ihn wegen privater Verbreitung verbotener Bücher zu einer halbjährigen Gefängnisstrafe verurteilt hatte, durfte er in der geliebten Bibliothek wieder arbeiten, allerdings auf einem schlechter bezahlten Posten, auf dem sein Fachwissen zum Brachliegen verurteilt war.

Die von ihm freudig begrüßte deutsche Wiedervereinigung, an der er durch Unterstützung einer Oppositionsgruppe ein bisschen mitgewirkt hatte, brachte dem inzwischen Graugewordenen die nächste Enttäuschung, weil die West-Kollegen der neuen Leitung zwar seine Widerstandshaltung anerkannten und öffentlich ehrten, sein teilweise veraltetes Fachwissen aber nicht mehr brauchbar war. Da man ihn an der elektronischen Modernisierung, die auch im Osten begonnen hatte, nicht beteiligt hatte, wurde ihm unter Sympathiebekundungen bedeutet, dass er für den Modernisierungsschub, der nun erfolgen sollte, nicht geeignet war. Auf die Kenntnisse der ehemaligen Parteigenossen, die die wichtigsten Funktionen des großen Betriebes im Griff gehabt hatten, war die neue Leitung angewiesen, so bedauerlich ihr das auch war. Leo, der das einsehen musste, nutzte die erste Gelegenheit zur Frühverrentung, verabschiedete sich von den schweren Bänden des alten, handschriftlich geführten Sachkataloges, die ihm nach jahrelanger Betreuung doch ans Herz gewachsen waren, und zog sich, da seine drei Kinder schon aus dem Hause waren, mit seiner schwerkranken Frau, die er bald nach dem Umzug beerdigen musste, nach Wittenhagen zurück.

Wenn er später von seinem bescheidenen Schicksal erzählte, kam er oft auch auf die Mitläufer zu sprechen, die immer verachtet werden und doch für jede Regierung notwendig sind. Er erinnerte dann an Adenauer, »den alten Schlauberger, der mit den versierten Mitläufern von gestern das bessere Heute zuwege bringen konnte, und an die Siegermächte von 1945, die Hitlers Raketentechniker in ihre Dienste nahmen, obwohl das doch der Moral ihrer Festtagsreden so gar nicht entsprach«. Da die deutschen Wiedervereiniger, wie er meinte, »den Nutzen der Mitläufer aus Erfahrung kannten, wurde 1990 im deutschen Osten auf eine der früheren Entnazifizierung ähnliche Farce verzichtet, alle Schuld des Regimes der Stasi in die Schuhe geschoben und nach Parteigenossenschaft gar nicht gefragt«. Politik, so pflegte er seine Weisheiten zusammenzufassen, vertrage sich mit Anständigkeit und Gerechtigkeit nur in seltenen Glücksfällen. Sich darüber zu beklagen sei lächerlich.

Sich verordneten Denksystemen anzupassen, hatte Leo also vermieden. Ihm waren die Marxisten und Anarchisten nicht weniger fragwürdig als die Existentialisten und die Kapitalismus-Verehrer gewesen, und wenn damals schon von Islamisten die Rede gewesen wäre, hätte er diese schon ihrer Frauenverachtung und höchst unbequemen Lebensart wegen abgelehnt. Er hatte aber auch kein eignes System entwickelt oder sich angelesen und deshalb auch den Kindern keins aufgedrängt. Sie sollten sich für alles offenhalten und letzten Endes selbst entscheiden, welches die geeignete Denkrichtung für sie war.

Der Familientradition wegen hatte er seine Kinder evangelisch taufen lassen, seinen Neutralitätsprinzipien folgend aber keine Lebensführung im Sinne der Kirche verlangt. Bei seinen Töchtern Luise und Wilhelmine hatte diese Freizügigkeit zur Folge, dass sie sich um keine Glaubens- oder Denksysteme scherten, praktische Berufe erlernten und Männer heirateten, an deren Seite ihren Beruf auszuüben nicht mehr nötig war. Bei seinem Sohn aber, den er in früher Rilke-Begeisterung auf den Namen Rainer-Maria hatte taufen lassen, war die Entwicklung nicht so glatt verlaufen. Sein widerborstiges Wesen, das sich bereits bei seiner komplizierten Geburt bewiesen hatte, war später in hartnäckigen Widerstand gegen die häusliche Ordnung ausgeartet und hatte sich in der Schule durch schlechtes Betragen und gute Noten gezeigt. Mit achtzehn Jahren hatte der Abiturient schließlich die schon immer bewiesene Missachtung der väterlichen Autorität auf die Spitze getrieben, indem er eine Entscheidung getroffen hatte, die zu billigen seinem Vater nicht möglich war.

Für Leo war die Szene, in der Rainer ihm seinen Affront gestanden hatte, vor allem seines eignen unbedachten Verhaltens wegen in schlechter Erinnerung geblieben. In schlaflosen Nächten musste er sie mit allen Einzelheiten immer wieder durchleben, so dass die vernarbte Wunde auch Jahrzehnte später wieder zu schmerzen begann.

An einem Frühsommerabend, als vor der Mietwohnung der Familie in der Oranienburger Straße die Linden blühten, war Leo nach Dienstschluss besonders freudig gestimmt. Er hatte nämlich gerade erfahren können, dass es sich bei der Krebserkrankung seiner geliebten Frau Maria vermutlich um eine Fehldiagnose gehandelt hatte (was sich später leider als falsch erwies). Auch hatte er im Antiquariat in der Friedrichstraße das lange von ihm schon gesuchte »Buch der Zeit« erstanden, das er noch in den Händen hatte, als Rainer, der ihm sonst aus dem Wege zu gehen pflegte, in ungewöhnlich festlicher Kleidung bei ihm erschien. Sein schwarzer Anzug mit weißem Hemd und Krawatte machte ihn zu einem seriösen Erwachsenen, zu dem auch seine ernste Miene passte, in der von dem Trotz, den er sonst seinem Vater gegenüber zu zeigen pflegte, nichts mehr zu spüren war. Ernsthaftigkeit versuchte er auch in seine Stimme zu legen, als er, was noch ungewöhnlicher war, um Verzeihung für die Störung bat.

Leo hatte sich im ehemaligen Mädchenzimmer, das nach dem Auszug der Töchter als Bibliothek genutzt wurde, in den schmalen Gang zwischen den Regalen zurückgezogen, um in dem neuerstandenen Band noch ein wenig zu blättern und sich Jugenderinnerungen hinzugeben, die, obwohl sie bitter gewesen waren, gern von ihm wieder heraufbeschworen wurden, weil die Genugtuung, sie überstanden zu haben, ihnen eine gewisse Süße verlieh.

Das beste Mannesalter, in dem er damals gestanden hatte, war bei ihm seltsamerweise von starker Sentimentalität bestimmt gewesen, die dann im Alter wieder schwächer geworden war. Er war damals häufig mit der Suche nach der verlorenen Kindheit und Jugend beschäftigt gewesen, und zu Letzterer hatte auch seine Begeisterung für einige Gedichte des »Buches der Zeit« gehört. »Die letzten Sterne flimmerten noch matt …« hatte er damals so oft gelesen, dass er es später fast fehlerfrei vor sich hin murmeln konnte, vom Zyklus des »Phantasus« waren viele Reimpaare in ihm haftengeblieben, und die Zeilen: »Mein Herz schlägt laut, mein Gewissen schreit: / Ein blutiger

Frevel ist diese Zeit«, hatte er damals zum Motto seiner Leiden gemacht. Der Band war ihm von einer Stadtbibliothek in die Kaserne ausgeliehen worden, und da er eines Nachts ohne Vorankündigung an die Front geschickt wurde, hatte er ihn im Rucksack mitnehmen müssen. Er war also, wie es sich für einen uniformierten Schöngeist gehörte, zwar nicht mit dem »Faust« oder dem »Cornett« im Tornister, aber doch mit einem Dichtwerk in die Schlacht gezogen, die er dann lädiert überlebt hatte, nicht aber das geliehene Buch.

Als er den Band nun nach Jahrzehnten wieder in Händen hatte, war er durch die Gedichte, die ihn damals aufgewühlt hatten, wieder in die Gefühlswelt seiner traurigen Jugend zurückversetzt worden, so dass das unerwartete Auftreten des Sohnes von ihm tatsächlich als störend empfunden wurde und er ärgerlich sagte, auch Wichtiges habe doch wohl bis zum Abendessen noch Zeit.

»Nein, Vater«, hatte ihm Rainer entgegnet, »du musst es sofort erfahren, dass ich heute Mitglied der Sozialistischen Einheitspartei Deutschlands geworden bin. Vor zwei Stunden wurde mir in einer Feierstunde das Dokument überreicht.«

Leo, den schon die ungewöhnliche Anrede mit Vater, statt des üblichen Papa, erschreckt hatte, wusste nicht gleich etwas zu sagen, fragte deshalb ein wenig töricht, um welches Dokument es sich dabei gehandelt habe, und erst als ihm das Parteibuch vor Augen gehalten wurde, machte sich seine Empörung, die er später selbstkritisch als blinde Wut bezeichnete, in unbedachten Beschimpfungen Luft.

Statt, seinem Erziehungsliberalismus folgend, Rainers Entscheidung schweren Herzens zu billigen, fühlte er sich persönlich beleidigt und in seiner Autorität gekränkt. Statt zuzugeben, dass sein Sohn nur von der ihm angepriesenen Entscheidungsfreiheit Gebrauch gemacht hatte, bezichtigte er ihn des Verrats an der Familie und unterstellte ihm, um späteren Vorteils willen zu den Machthabern übergelaufen zu sein. Sein Zorn trieb ihn dazu, nicht nur Rainer in haarsträubender Weise zu beschimpfen, sondern auch, um ihn möglichst schmerzlich zu treffen, die Ablehnung von Staat und Partei maßlos zu übertreiben, sich also zu gebärden, als ob er wirklich ein bitterböser Feind der Herrschenden sei.

Je wütender aber der Vater wurde, desto gefasster wirkte der Sohn. Alle Vorwürfe ertrug er schweigend, und erst als der Vater die Erbauer der Mauer Lügner und Verbrecher nannte, brachte der Sohn sein wohlüberlegtes Schlusswort an:

»Deine Schmähungen kann und darf ich nicht länger ertragen. Als Genosse bin ich verpflichtet, staatsfeindliche Äußerungen wie diese zu melden. Dazu aber bin ich leider nicht fähig. Ich glaube deshalb, dass meine Trennung von der Familie für uns alle das Beste ist. Es wird eine ewige Trennung sein.«

Es war das letzte Gespräch mit dem abtrünnigen Sohn gewesen, nicht aber die letzte Begegnung, zu der es ein Jahr später gekommen war. Rainer, der seine im Sterben liegende Mutter besucht hatte, war seinem Vater auf einem der langen Flure der Charité entgegengekommen und war wortlos, ohne Zeichen des Erkennens zu geben, an ihm vorbeigegangen. Zur Bestattung seiner Mutter war er dann nicht erschienen, er hatte nur einen Kranz geschickt.

3.

Das Haus der Leydenfrosts, die Villa, wie die Dorfleute es nannten, war ein zweistöckiger Bau aus dem Jahre 1928, als die Familie noch wohlhabend gewesen war. Sein Satteldach und die grünen Fensterläden waren dem damals noch gängigen Heimatstil nachempfunden, die offene Veranda des oberen Stockwerks war der sogenannten Moderne verpflichtet, und die dorischen Säulen, die den Eingang flankierten, hatten den Bau nach Leonhardt Leydenfrosts Worten zu einer stilistischen Missgeburt werden lassen, zu einer Kreuzung aus bayerischem Bauernhaus und klassizistischem Schloss.

Als der Vater der jetzigen Bewohner es als notwendig erachtet hatte, einen Alterssitz für seine langlebige Mutter und zwei alte Tanten zu schaffen, war erst der Umbau einer Reithalle erwogen worden, die noch aus adligen Zeiten übrig geblieben war. Da aber dieses solide Gebäude, das den bürgerlichen Gutsbesitzern nur noch als Lagerhalle gedient hatte, zum Ensemble des Gutshofes gehörte, wo nie Ruhe herrschte, hatte man diesen Plan aufgegeben und sich zu einem Neubau entschlossen, der etwas abseits gelegen war. Ein Architekt aus der Kreisstadt, der eigentlich auf Stallbauten spezialisiert war, hatte das Haus auf ein unverwüstliches Fundament aus Feldsteinen setzen lassen, es aber vom Boden zu isolieren vergessen, so dass es der feuchten Wände wegen in der schon neunzig Jahre alten Villa noch immer wie im Neubau roch. Wenn sich im Frühjahr die Tapeten von den Wänden lösten, sah Leo, der mit seiner Tochter Wilhelmine im unteren, der Nässe stärker ausgesetzten Stockwerk wohnte, immer wieder die alte Weisheit bestätigt, nach der Kinder und Kindeskinder die Suppen auslöffeln müssen, die von den Eltern und Großeltern angerührt worden sind.

Da der Gutsherr schon beim Bau des Hauses beabsichtigt hatte, es nach dem Ableben der Alten selbst zu nutzen und das unbequeme, längst baufällig wirkende Herrenhaus aus adliger Zeit abzureißen, hatte man an der Modernisierung der Villa nicht gespart. Jedes Stockwerk war mit Bad und Toilette versehen worden, und modernste Apparaturen hatten alle Räume mit Wasser und Wärme versorgt.

Dieser Komfort aber war der Villa inzwischen abhandengekommen. Angeblich hatten die Russen, die das unbeschädigte Haus vorübergehend zur Kommandantur gemacht hatten, die Pumpen und Heizkessel in ihre Heimat entführt. Die aus der Neumark Vertriebenen, die nach den Russen hier untergekommen waren, hatten sich mit Kanonenöfen behelfen müssen, diese aber hatten die Geschwister bei ihrem Einzug durch Kachelöfen ersetzt. Die gemauerten Kochherde aus Nachkriegszeiten dagegen waren auf Anraten Leos erhalten geblieben, für Notfälle, wie er sagte, »weil der Staat unsere Sicherheit doch, statt auf verlässliche Mitmenschen, auf die Elektronik gründet, die bekanntlich, da auch Bösewichtern leicht zugänglich, hochgradig anfällig ist«.

Die Rückkehr der Geschwister nach Wittenhagen wurde von Leo als eine verspätete Auswirkung des bundesrepublikanischen Wirtschaftswunders betrachtet, das Hedwig einst zur außerparlamentarischen Oppositionellen gemacht hatte, ihren Onkel Eckhardt aber zum reichen Mann. Ihm war es nämlich möglich gewesen, sich bald nach seinem Einstieg in die Gummiverarbeitung einen eignen Betrieb aufzubauen, mit dessen Produkten ihm die Stillung des damals starken Bedürfnisses nach Wärmflaschen gelang. Das Kapital, das er dabei erworben hatte, konnte er so günstig anlegen, dass er dessen Vermehrung von der spanischen Mittelmeerküste aus beobachten konnte, wo er seinen früh begonnenen Lebensabend genoss. Seine Verbundenheit mit der alten Heimat hatte er kurz vor seinem Tode anlässlich der deutschen Wiedervereinigung durch Überweisung eines ansehnlichen Geldbetrages bekundet, mit dem seine Nichte Hedwig zwar nicht das enteignete Gut, aber doch das Altenteil zurückkaufen konnte, das die Dorfleute immer noch Villa nannten, obwohl es durch vier häufig wechselnde Mietparteien, die es abgewohnt, aber nie repariert hatten, sehr heruntergekommen war.

Onkel Eckhardts großzügige Finanzhilfe, die von ihm aber, wie Leo meinte, vermutlich nur als Pappenstiel angesehen wurde, hatte auch noch zur Finanzierung der Dachdeckung, der Beseitigung der von den Flüchtlingen aus Spanplatten errichteten Trennwände und der Überführung des toten Spenders von den warmen Gestaden des Südens in das kalte Wittenhagen gereicht.

In heimatlicher Erde ruhen zu können war des Onkels mehrfach geäußerter Wunsch gewesen, den Henry, sein Sohn und Erbe, der sich zu aller Erstaunen des Begräbnisses wegen zum ersten Mal so weit nach Osten gewagt hatte, nicht begreifen konnte. »Immer dort, wo ich Geld mache, bin ich ganz zu Hause, sei das nun in München, Rom oder Santiago«, hatte er an der dem Begräbnis folgenden Kaffeetafel verkündet. »Als Manager war Papa tüchtig, als Mensch aber von gestern. Seine Familien- und Heimatsentimentalitäten, die mir zu sehr nach Blut und Boden riechen, kann ich nicht nachvollziehen.«

Leo, der seinen weltbewanderten Vetter Heinrich boshaft immer Heini statt Henry nannte, hatte sich daraufhin zu der Ansicht verstiegen: »Die Welt wird erst zur Ruhe kommen, wenn jeder zu Hause bleibt.«

4.

Onkel Eckhardts Begräbnis war ein hervorstechendes Ereignis im ruhigen Leben der Leydenfrosts gewesen, von dem Hedwig aber nie sagen konnte, wann es stattgefunden hatte, und wenn sie sich bei Fragen danach aufs Raten verlegte und drei, vier oder fünf Jahre mutmaßte, griff sie regelmäßig zu kurz. Zu schnell waren ihr die gleichförmigen, aber nie langweiligen Jahre in Wittenhagen vergangen, und obwohl sie sich vornahm, jeden Lebenstag, der ihr vergönnt war, bewusst zu genießen, war jeder Tag und jedes Jahr im Nu wieder vorbei. Wenn sie auf ihren Spaziergängen, die der schwindenden Kräfte wegen immer kürzer wurden, die Gräber aufsuchte, deren Pflege sie schon lange Fatima und Wilhelmine überlassen hatte, war sie immer wieder darüber verwundert, dass der Onkel, wie der Grabstein auswies, schon im vorigen Jahrhundert gestorben war. Die wenigen Kleinkinder der Dorfleute wurden für ihr Empfinden im Handumdrehen zu Erwachsenen. Bald nach den Schneeglöckchen und Veilchen, die in den kümmerlichen Resten des ehemaligen Gartens ihrer Eltern an Vorfrühlingstagen den Boden bedeckten, wirbelte der Herbstwind schon wieder die welken Blätter umher. Die drei Birken, die sie bald nach ihrer Heimkehr dort gepflanzt hatte, wo einst ihr Elternhaus gestanden hatte, waren schon grau und borkig geworden, und eine von ihnen, der ein Sturm die Krone abgerissen hatte, starb bereits ab.

So alt wie sie war im Dorf keiner. Mit ihren weit zurückreichenden Kindheitserinnerungen, in die sie sich immer häufiger versenkte, war sie allein. Von den Kindern der Bauern und Landarbeiter, mit denen sie auf den Bänken der Dorfschule gesessen hatte, bevor man sie gegen ihren Willen aufs Gymnasium der Kreisstadt beordert hatte, waren viele im Krieg umgekommen, andere zu Städtern geworden, und die sesshaft Gebliebenen waren tot. Ihre Versuche, mit dem Bruder über die gemeinsame Kindheit zu reden, waren meist vergeblich, und wenn sie zustande kamen, führten sie zu Verstimmungen, weil Leo ihre Erinnerungen nicht nur nicht teilte, sondern ihren Wahrheitsgehalt oft auch bezweifelte, denn er hatte anderes im Gedächtnis behalten als sie.

Für Hedwig, die sich als tatkräftiges Mädchen häufig an den Unternehmungen der älteren Jungen beteiligt und die Spielerei mit Puppen verachtet hatte, war ihr kleiner Bruder ein Muttersöhnchen und Stubenhocker gewesen, der die Abenteuer, die sie in Wäldern, auf Hausböden und in Scheunen erlebte, nur in Büchern fand. Sie war als Reiterin waghalsig gewesen, der Bruder aber hatte Angst vor Pferden gehabt. Die mit Garben hochbeladenen Erntewagen waren von ihr kutschiert worden, er aber hatte sich auch in Erntezeiten, wenn jede Hand gebraucht worden war, vor harter Arbeit gedrückt. Vor Ausmärschen des Jungvolks war er regelmäßig krank geworden, sie dagegen wäre gern schon vor dem vorgeschriebenen Alter von zehn Jahren den Jungmädels beigetreten, hatte dann deren Uniform, Kluft genannt, stolz getragen und war bald, obwohl sie Heimabende mit Handarbeiten und Anweisungen zur Säuglingspflege nicht ausstehen konnte, zur Führerin avanciert.

Wenn sie sich an die damalige Hochstimmung erinnerte, in der sie an Heldengedenktagen und Führergeburtstagen an der Spitze ihrer Jungmädelgruppe, laut das »Links-zwei-drei« kommandierend, auf den mit Fahnen geschmückten Marktplatz der Kreisstadt marschiert war, konnte sie noch heute unter den obligatorischen Scham- und Reuegefühlen auch ein wenig Stolz darüber empfinden, damals schon die Tatkraft bewiesen zu haben, die ihr später für bessere Ziele einzusetzen möglich geworden war. Hatten sich später doch ihre damals erworbenen Führungsqualitäten in der Umwelt-, Friedens- und Studentenbewegung glänzend bewährt. Auch als sie später die neue Ausrichtung ihrer Partei nicht mehr hatte billigen können und, ohne die Mitgliedschaft aufzugeben, alle politischen Posten niedergelegt hatte, um ihr abgebrochenes Studium zu beenden, hatte sie ihre Willenskraft genauso bewiesen wie danach als Kinderärztin auf der Unfallstation.

Ihr Bruder, mit dem sie nun seit vielen Jahren unter einem Dache lebte, war für sie der noch immer unterlegene Kleine, doch war sie froh darüber, dass es ihn gab. Sein ewiges Kritisieren, das sie Quengeln nannte, war ihr einerseits lästig, andererseits zwang es sie zum Mitdenken oder Widersprechen, das ihrer Hirntätigkeit, die manchmal schon erhebliche Mängel zeigte, sehr gut bekam. Andere Alte trainierten ihr Hirn mit dem Raten von Kreuzworträtseln, sie hatte dazu ihren Bruder, dessen Ansichten zu widerlegen ihr Denkanstrengungen abverlangten, durch die sie vielleicht der gefürchteten Demenz, die Leo Verblödung nannte, entkam.

Zur Verbündeten hatte sie dabei Leos Tochter Wilhelmine, die nach einer langen, soliden Ehe mit einem Herrn Professor Kunze mit ihrem noch schulpflichtigen Jüngsten zu ihrem Vater geflüchtet war. Ihr Ex, wie Wilhelmine ihren Mann nun nannte, hatte nach der deutschen Vereinigung, als seine Partei die Ehemoral nicht mehr überwachte, in überreifem Alter viele Liebschaften genossen, seine Ehefrau, nachdem er sie noch einmal in gesegnete Umstände versetzt hatte, sitzenlassen und sich einer jüngeren Intellektuellen zugewandt. Ihren Vater hatte Wilhelmine nicht lange belästigen, sich nur bei ihm ausweinen wollen, war dann aber geblieben, angeblich weil sie sich zu seiner Betreuung verpflichtet fühlte, in Wahrheit aber eines Herrn Hoffmann wegen, der Geschäftsführer der Wittenhagener Agrargenossenschaft war. Sie war eine perfekte Hausfrau und insofern für ihren Vater ein Segen, als geistige Verbündete ihrer Tante aber konnte sie gelten, weil alle ihre Ansichten und Meinungen die ihres ehemaligen Gatten waren und dieser als Leiter einer Bildungseinrichtung für Parteisekretäre nach Wilhelmines Worten so fortschrittlich wie Tante Hedwig gesinnt war.

Leo aber war gegen den Begriff Fortschritt allergisch, weil er für ihn vor allem mit dem Gedanken an Atombomben, Drohnen und totale Überwachung verbunden war. Seiner Schwester gegenüber konnte er ihn für die Klimakatastrophe und das Artensterben verantwortlich machen und ebenso für die Technisierung der Landwirtschaft. »Dass wir auf unseren rainlosen Feldern keine Rebhühner mehr haben und das Tirili der Lerchen vermissen, haben wir allein dem Fortschritt zu danken, den zu fördern du dich immer befleißigt hast.«

5.

Für die Vorbereitung von Hedwigs Geburtstagsfeier war in den folgenden Monaten lediglich Fatima tätig gewesen, sie hatte die Wege zur Gründung des Willkommensvereins geebnet und sich auch schon um die Einrichtung des Spendenkontos bemüht. Unterstützung hatte sie dabei vor allem bei Leo gefunden, der zwar zu den Kritikern der Flüchtlingspolitik gehörte, aber für »die armen Verführten, die den sonnigen Süden verlassen hatten, um im kalten Wohlstandsland zu Hunderten in Kasernen und Turnhallen vegetieren zu müssen«, Mitleid empfand. Dass die Spendenidee von ihm befürwortet wurde, hatte aber auch mit einem von ihm erwarteten angenehmen Nebeneffekt zu tun. Durch die Geldspende nämlich konnte die Ansammlung unnützer Geschenke vermieden werden, von der man nach dem Fest nicht wissen würde: wohin damit.

Letzte Entscheidungen waren dann in den Weihnachtstagen gefallen, in denen man auf Hedwigs Verlangen häufiger als üblich zusammensaß. Sie, die früher die traditionelle Familie zum »Auslaufmodell« erklärt hatte, war jetzt auf den Zusammenhalt ihrer Familienreste bedacht. Das Feiern des Weihnachtsfestes in der Familie, das sie einst als »deutsch« verunglimpft hatte, war ihr jetzt liebgeworden, und ihren jugendlichen Radikalismus, mit dem sie damals gegen das christliche Fest, das atheistische und islamische Mitbürger ausgrenze, gewettert hatte, verstand sie heute selbst nicht mehr. Sie war zu der Ansicht gekommen, dass der Rückhalt, den man in der Familie habe, sich in den Weihnachtstagen am besten beweisen lasse, wenn Tränen vergossen wurden, weil sich die Weihnachtsfreude der Kindheit nicht wiederholen ließ. Nie hatte sie in den letzten Jahren auf Weihnachtsbäume verzichten wollen, und immer hatte es des vertrauten Duftes wegen eine in den Wittenhagener Forsten frisch geschlagene Kiefer sein müssen, denn eine solche, viel größere aber, hatte früher den Gartensaal des alten Gutshauses geschmückt.

Die Aufweichung von Hedwigs jugendlichem Weihnachtsradikalismus war aber nicht so weit gegangen, dass sie den mit zur Familientradition gehörenden Kirchenbesuch am Heiligen Abend auch nur in Erwägung gezogen hatte. In dieser Hinsicht war die bekennende Atheistin zu keinem revisionistischen Verhalten zu bewegen, sie hielt vielmehr, wie ihr Bruder es ausdrückte, »am Dogma des Unglaubens in Nibelungentreue fest«.

Leo dagegen setzte die alten Bräuche fort. In seinen Berliner Jahren war der Spaziergang von der

Oranienburger Straße zur Sophienkirche für ihn, Maria und die Kinder immer Teil der Festtagsfreuden gewesen, und seit seiner Rückkehr nach Wittenhagen hatte er sich den Besuch der weihnachtlich geschmückten Dorfkirche angewöhnt. Das christliche Fest, so hatte er den Kindern früher zu verstehen gegeben, müsse als solches auch begangen werden, sonst sei die Bescherung unterm Weihnachtsbaum doch ganz sinnentleert. Sein Predigen aber war fruchtlos geblieben, wie er jetzt an Wilhelmine feststellen musste, die ihn den Gang zur Dorfkirche alle Jahre wieder allein machen ließ. Angeblich wollte sie ihr empfindliches Söhnchen der in der Kirche herrschenden Kälte nicht aussetzen, in Wahrheit aber wollte sie ihn vor kirchlichen Einflüssen bewahren, die sie nach ihrer in der Jugend gemachten Erfahrung noch immer für karrierehemmend hielt.

Da die Dorfkirche nicht heizbar war, herrschte in ihr tatsächlich zur Weihnachtszeit bittere Kälte, die aber, wie der alte Pfarrer Leipold früher zu sagen pflegte, den Temperaturen im Stall von Bethlehem durchaus angemessen war. Leipold jedoch, an dem Leo einen Mitstreiter für die Heimatgeschichte gehabt hatte, war vor zwei Jahren gestorben, und da er bisher noch keinen Nachfolger gefunden hatte, mussten sich die Dörfer, die er betreut hatte, mit wechselnden Vertretern begnügen, und das alte Pfarrhaus in Kossow stand noch immer leer.

Erstaunlicherweise hielten die Eiskellertemperaturen die Mehrzahl der Dorfbewohner vom Besuch des Weihnachtsgottesdienstes nicht ab. Obwohl nur etwa ein Viertel von ihnen der Kirche noch angehörte, so dass die Pastoren nur noch wenige Konfirmanden zu betreuen hatten und sonntags vor fast leeren Bänken predigen mussten, war die Kirche wie an jedem Heiligen Abend so auch an diesem bei Leos Ankunft schon überfüllt. Männer, die keinen Sitzplatz mehr hatten finden können, standen dicht gedrängt in dem kleinen Vorraum, und einige von ihnen hatten sich auf die zur Empore hinaufführende Treppe gesetzt. Die Gestalten der Männer, die durch winterliche Mäntel und Joppen an Breite gewannen, ließen Leo wieder einmal erkennen, wie stark er im Alter zusammengeschrumpft war. Früher hatte er bei solchen Gelegenheiten über die Köpfe hinwegsehen können, jetzt musste er sich schmal und klein durch die Menge zu schieben versuchen, um wenigstens den Altar und den Weihnachtsbaum sehen zu können, und da man ihm freundlicherweise, so gut es ging, Platz zu machen versuchte, konnte er den freigebliebenen Mittelgang erreichen und sich an die Stirnseite der letzten Bankreihe lehnen, als ihn der Schwindel befiel. Sich an die Bank klammernd, hoffte er, die kommende Stunde überstehen zu können, da aber der Schwindel stärker wurde und die Beine ihm nicht mehr gehorchen wollten, musste er der jungen Frau, die ihm flüsternd das Angebot machte, ihren Platz einzunehmen, voller Dankbarkeit zustimmen, so peinlich ihm auch sein Versagen war.

Sitzend erholte er sich bald wieder, und da der

Gottesdienst noch nicht begonnen hatte, konnte er Bekannten einen wortlosen Gruß zunicken und befriedigt feststellen, dass die Weihnachtsfreude, derentwegen er sich alle Jahre wieder der Kälte aussetzte, nun tatsächlich über ihn kam. Was ihn hierher trieb, war nicht der Gottesdienst, an dem er immer etwas auszusetzen hatte, sondern die Freude an der bis zum letzten Platz besetzten Kirche, die in ihm eine Zuversicht weckte, von der er selbst nicht recht wusste, worauf sie gerichtet war. Dass alle diese Unchristen die sonst immer gemiedene Kirche des Weihnachtsfestes wegen besuchten, obwohl sie sich dort frierend langweilen mussten, war von Leo in sozialistischen Zeiten als eine ungefährliche Widerstandsgeste aufgefasst worden, jetzt aber, da man unaufhörlich zu einem globalen, multikulturellen Denken aufgefordert wurde, schien es ihm ein Bekenntnis zum Eignen, zur Tradition.

Abgesehen von gelegentlichem Plappern der Kleinkinder, herrschte in der vollbesetzten Kirche eine feierliche Stille, bis dann die Glocken läuteten, als der Pastor, der schon eine Amtshandlung in Klein-Wittenhagen hinter sich gebracht hatte, schnellen Schritts an der Eingangspforte erschien. Leo wurde seiner erst ansichtig, als dieser sich vor dem Altar umwandte, den Besuchern, die er als Gemeinde bezeichnete, ein frohes Fest wünschte und sich als Jugendpfarrer aus Cottbus vorstellte, der den Dienst auf den Dörfern, die er kleine Nester nannte, nur vertretungsweise versah. Erst danach begann er mit den erforderlichen Gebeten, Fürbitten, Bibellesungen und Segnungen, die er so locker wie seine Anfangsplauderei vorzubringen versuchte, um den Gottesdienst, wie er in seiner Predigt sagte, gegenwartsnah zu machen, ihn »vom Staub der Jahrhunderte zu befreien«. Aus dem gleichen Grunde hatte er die Weihnachtsgeschichte aus dem Lukas-Evangelium von Luthers altertümlichen Wendungen gereinigt, weil doch, wie er meinte, das »Es begab sich aber zu der Zeit« heute nicht mehr verständlich sei. Die Heilige Familie wurde in seiner Predigt zu armen Flüchtenden, denen nicht einmal Handys zur Verfügung standen, und die global zu verstehende Botschaft der Engel empfanden die Hirten als cool.

Leo hatte also in dieser Dreiviertelstunde viel zu leiden, musste aber zugeben, dass sich der Jugendpfarrer in den zu seinem Programm gehörenden Liedern als stimmgewaltiger Sänger bewährte, der im Gegensatz zu seinen Zuhörern auch textkundig war. Während die Masse der Besucher die »Stille Nacht ...« nur teilweise mitsingen konnte, hörte man seine Stimme auch in der zweiten und dritten Strophe aus den beängstigend lauten Klängen des verstimmten Harmoniums heraus.

Kaum war das Schlusslied, das besonders kräftig ausfallende »O du fröhliche ...«, verklungen, war der Pastor, der schon zur nächsten vollen Stunde im Nachbardorf seine Dienste leisten musste, jugendlichen Schritts zum Ausgang geeilt. Anders als früher der alte Leipold, der immer an der Tür gestanden und jedes seiner Schäfchen mit Handschlag verabschiedet hatte, strebte der junge Pastor eilends zu seinem Auto und fuhr davon.

Leo, dem dieser Gottesdienst, wie eigentlich jeder, gründlich missfallen hatte, missfielen auch die elektrischen Kerzen am Weihnachtsbaum. Die ausladenden Zweige der nur mit wenigen bunten Kugeln geschmückten Fichte verdeckten zur Hälfte das einzig Sehenswerte der Kirche, einen Kanzelaltar aus dem 18. Jahrhundert, der allerdings noch keinen Kunstinteressenten angelockt hatte, da er zwar den Artilleriebeschuss im April 1945 unbeschädigt überstanden hatte, gleich nach dem Kriege aber von einem Malermeister der Kreisstadt mit knallend bunten Ölfarben unsachgemäß restauriert worden war. Leo musste trotzdem immer einige Minuten bei ihm verweilen, weil ihm dieses Relikt aus preußischen Zeiten die unselige, bis heute nachwirkende Verbindung von Thron und Altar in Erinnerung rief.

Die weihnachtliche Stimmung, die die eiskalte Kirche und das neblig-nasse Wetter nur vage hatten entstehen lassen, stellte sich in Leo doch noch verstärkt beim Verlassen der Kirche ein. Vor dem Eingang nämlich, auf dem vor Jahrzehnten schon eingeebneten Friedhof, den man zu einem ungepflegten Grasplatz gemacht hatte, blieben die Kirchenbesucher, vielköpfige Familien darunter, noch einige Minuten beieinander, um sich gegenseitig unter Händeschütteln und Umarmen frohe Feiertage zu wünschen, ehe man wieder in der Abgeschlossenheit der Häuser verschwand. Jeder war froh darüber, sich mit der überstandenen Strapaze ein Anrecht auf die warme Stube und die Bescherung erworben zu haben, Leo aber, der zwei bis drei Dutzend Hände geschüttelt und frohe, gesunde oder gar gesegnete Feiertage gewünscht hatte, wurde sich auf dem Heimweg klar darüber, dass der eigentliche Grund für seinen allweihnachtlichen Gang zur kalten Kirche in dieser Verbrüderungsorgie vor der Kirche zu finden war.

Die Freude, die er dabei empfunden hatte, war in ihm noch rege, als er, wie verabredet, zwei Stunden später, von Tochter und Enkel begleitet, das obere Stockwerk der Villa betrat. Gefeiert wurde im größten, als Salon bezeichneten Zimmer, von dem aus das Betreten der offenen Veranda möglich war. Außer der Weihnachtskiefer mit ihren Kerzen und bunten Behängen hatte Fatima durch vielfach verschlungene Strohblumenketten für die gewünschte Stimmung gesorgt. Hedwig konnte, ohne von ihrem Bruder unterbrochen zu werden, mit ihrer brüchigen Stimme, die manchmal ganz zu versagen drohte, von den doppelten Weihnachtsfeiern im alten Herrenhaus erzählen, und außer dem Sohn, Enkel und Großneffen Walter Kunze, der sich nur an seinem Computer wohl fühlte, langweilte sich keiner dabei.

Seinen Laptop hatte Walter auch zu Tante Hedwig mitnehmen wollen, doch war ihm das von seinem Großvater verboten worden, seine Mutter dagegen hätte es ihm gern erlaubt. Sie war stolz auf ihr computerabhängiges Söhnchen, in dem sie die Weltoffenheit, die von den Deutschen gewünscht wurde, in idealer Weise verkörpert sah. Die kleinen und großen, mehr oder weniger nackten Mädchen und Frauen nämlich, mit denen Walter schriftlich und bildlich verkehrte, waren in aller Welt zu Hause, bis hin nach Thailand und Feuerland. Das Haus der Leydenfrosts, in dem Walter seit vielen Jahren surfend und chattend lebte, hatte er bisher nur verlassen, um im Auto der Mutter zum Gymnasium gefahren zu werden, nie hatte er Ausflüge in benachbarte Dörfer oder gar in die nahen Wälder gemacht.

Nur Walter also langweilte sich bei den Berichten über die im Gutshaus früher veranstalteten Weihnachtsfeiern, die Hedwig doppelte nannte, weil die mit Liedern begleitete Bescherung zweimal erfolgte, einmal vorn in der Halle, wie der Flur genannt wurde, von dem die Treppen zu den oberen Räumen abgingen, und zum zweiten Mal wenig später im Gartensaal. Die erste Feier unter der größeren Kiefer hatte der Magd und den drei Arbeitern mit ihren Frauen und Kindern gegolten, in der zweiten Bescherung wurden die eignen Kinder und die drei alten Damen aus der Villa beschenkt.

Die Eintracht, die in der Weihnachtszeit immer zwischen Schwester und Bruder herrschte, war in diesem Jahr besonders ungewöhnlich, weil die Flüchtlingskrise auch im abgelegenen Wittenhagen, wo man Flüchtlinge nur vom Bildschirm her kannte, reichlich Anlass zum Streiten gab. Auch bei den Geschwistern hatten sich die Meinungsfronten verhärtet, wobei Hedwig, die Leo früher als »Oppositionelle vom Dienst« verspottet hatte, jetzt die regierende Kanzlerin loben musste, so schwer ihr das auch fiel. Sie, die schon vor Jahrzehnten verlangt hatte, möglichst viele Fremde ins Land zu holen, um die deutsche Kultur zu einer globalen, also weniger deutschen werden zu lassen, fühlte sich jetzt verpflichtet, die von der Kanzlerin geforderte Freude über die ungeregelte Ankunft der vielen Kriegs- und Armutsflüchtlinge mitzuempfinden, obwohl ihr dabei das eigentlich doch auf Opposition getrimmte Gewissen schlug. Dass sie im Dorf ziemlich allein stand mit ihrer Meinung, konnte sie in dieser eher bestärken als irritieren, denn Mehrheitsmeinungen, die sie gern mit dem Begriff »Stammtisch« belegte, waren ihr seit jeher suspekt gewesen, und neuerdings hatte sie sie auch als »populistisch« zu beschimpfen gelernt.

Ihr Bruder dagegen, der die Kanzlerin ihrer Nüchternheit wegen immer geschätzt und gewählt hatte, war von ihr jetzt enttäuscht. Sie habe, so meinte er, durch ihre unbegrenzte Zulassung der Flüchtlingsmassen ihre ehrenwerten Humanitätsgefühle von Allmachtsphantasien vergiften lassen und so ihre politische Vernunft außer Kraft gesetzt. Ihr gesetzwidriges Öffnen der Grenzen habe im Inland den Nationalismus erstarken lassen und im Ausland die Deutschen noch unbeliebter gemacht. Ihr Motto: Wir schaffen das!, zu dem sie, wie Leo vermutete, das: Yes, we can! Obamas inspiriert hatte, verführte ihn dazu, eine satirische Glosse unter dem Titel »Nur wir Deutschen können das schaffen!« zu schreiben, mit der er aber schon nach einigen Absätzen aus Mangel an Witz nicht weitergekommen war. In der Schriftstellerei, die er nebenbei immer ein wenig betrieben hatte, war er bei keinem Vorhaben zu einem Ende gekommen. Den im Schreiben und Denken ewig Unvollendeten hatte seine Schwester ihn deshalb schon mehrmals genannt.

Den Weihnachtsfrieden aber konnten diese Meinungsverschiedenheiten nicht stören, weil statt von ihnen über die Geburtstagsplanung geredet wurde, besonders über die Gästeliste, deren Zusammenstellung Leo anvertraut worden war. Um das Spendenaufkommen zu vergrößern, sollten möglichst viele Gäste kommen, denn alle von Hedwig erträumten Hilfsaktionen kosteten Geld. Plakate sollten in den umliegenden Dörfern die Spendenfreudigkeit wecken, Sammlungen von Spielzeug und Kleidung sollten veranstaltet werden, und nicht nur an Schulen sollten Sprachkurse für die Flüchtlingskinder entstehen.

Wilhelmine, die sich in einigen Denkbereichen schon ihrem Herrn Hoffmann angepasst hatte, wagte es, Hedwigs Schwärmereien von strahlenden Kinderaugen zu unterbrechen, indem sie auf den Nutzen der Flüchtlinge für den von der Genossenschaft geplanten Spargelanbau verwies. »Wenn wir genug arbeitslose Flüchtlinge im Lande haben«, so gab sie Herrn Hoffmanns Gedanken wieder, »sparen wir die immer anspruchsvoller werdenden Saisonkräfte aus Rumänien und Polen ein.«

Hedwig war empört über diese Bemerkung, Leo aber lobte spöttisch seine »immer an der Praxis orientierte Tochter«, die neuerdings die Interessen der Unternehmer vertrete. »Diesen nämlich sind natürlich vier Millionen Arbeitslose lieber als nur drei.«

6.

Walter Kunze war nicht der Einzige im Hause, der Computer bedienen konnte, auch seine Mutter hatte sich mit ihnen abplagen müssen, als sie in Herrn Hoffmanns modernem Büro angestellt worden war. Selbst Walters Großvater, der Neuerungen wie diese früher belächelt hatte, machte schon seit langem von ihnen Gebrauch. Sein Wissen über diese Geräte war aber so bescheiden wie das über sein Auto, das er zwar zum Fahren veranlassen konnte, dessen Funktionsweise ihm aber unverständlich blieb. Das Auto brauchte er nur zu kurzen Fahrten in die Kreisstadt und die umliegenden Dörfer, und der Computer diente ihm hauptsächlich als Schreibgerät. Ins weltweite Netz begab er sich nur der politischen Neuigkeiten und der antiquarischen Bücher wegen, deren Bestellung hier verführerisch einfach war. Alle anderen Tätigkeiten, die die unheimliche Maschine zusätzlich verrichten konnte, schienen ihm überflüssig und wurden von ihm schon deshalb nicht eingeschaltet, weil ihm die dort benutzte Sprachmixtur aus schlechtem Deutsch und armseligem Englisch missfiel.

»Kinder, die an diesen Geräten lesen lernen, werden die Zahl der nützlichen Fachidioten vermehren, für die Literatur aber verloren sein.« Manchmal sagte Leo auch dergleichen zu Wilhelmine, die darauf achselzuckend »Na, und?« fragte und damit meinte, es gebe Schlimmeres als diesen Verlust.

Schlimmer für sie waren zum Beispiel die starken Schneefälle, die bald nach dem Weihnachtsfest einsetzten und denen Tiefsttemperaturen folgten, die Wilhelmine als Unbilden der Natur bezeichnete, denen man in dieser Einöde schutzlos ausgesetzt sei.

Diese Klagen, denen Leo eine stets frohe Miene entgegensetzte, waren zwar übertrieben, aber teilweise doch berechtigt, weil die abseits stehende zweistöckige Villa den scharfen Ostwinden, die die Kälte mitbrachten, besonders ausgesetzt war. Die Türen und Fenster, für deren Erneuerung Onkel Eckhardts Finanzbeitrag nicht ausgereicht hatte, waren so schadhaft, dass sie die Zimmer ständig mit Frischluft versorgten und die Temperatur so niedrig hielten, dass Leo allen Mitbewohnern die sichere Bettwärme oder die Bank am Ofen empfahl. Zum Aufenthalt in den Küchen wurde Winterbekleidung benötigt, weil das Herdfeuer, das die Kochplatten zum Glühen und das Wasser in dem Kessel zum Sieden brachte, zur Erwärmung des hohen Raumes nicht ausreichend war.

Hedwig, deren schmächtiger, fast fleischloser Körper der Kälte besonders schlecht trotzen konnte, wurde nur auf ihren pflichtgemäß ausgeführten Spaziergängen, die im Schnee besonders anstrengend waren, an allen Körperteilen warm. Am Schreibtisch, wo sie briefschreibend oder buchführend zu sitzen pflegte, schützten sie vor jämmerlichem Frieren auch Wattehosen und dicke Pullover nicht. Selbst am Kachelofen war es für sie nur auszuhalten, wenn sie für ihre Füße eine zusätzliche Wärmequelle hatte. Sie bevorzugte dafür eine der Gummiwärmflaschen, denen einst Onkel Eckhardts Reichtum zu verdanken gewesen war.

Leo, der sich, obwohl ebenfalls frierend, als Hausvater zum tapferen Widerstehen verpflichtet fühlte und überdies griesgrämige Gesichter nicht ausstehen konnte, war ständig um das Aufhellen aller Gemüter bemüht. Die von Wilhelmine gefürchtete Gefahr der Wasserrohrvereisung versuchte er, obwohl auch er sie hegte, herunterzuspielen, und die Hoffnung auf ein baldiges Ende der Kälteperiode hielt er, so gut es ging, wach. Er wies darauf hin, dass die sibirische Kälte sowohl die Brut der Mücken vernichte als auch die Abwehrkräfte des Körpers stärke, und immer wieder brachte er als eine Art Ausgleich für das ständige Frieren die Schönheiten der Winterlandschaft ins Spiel.

Von der offenen Veranda her, auf der man es des eisigen Windes wegen nur sekundenlang aushalten konnte, war die Sicht auf die leicht wellige Gegend tatsächlich sehenswert. Der hässliche Gutshof, unter dessen Ställen und Scheunen die ehemalige Reithalle hervorragte, war durch den Schnee ansehnlich geworden. Die rechter Hand sanft ansteigende weiße

Fläche der Äcker wurde begrenzt durch den aus der Ferne schwarz wirkenden Waldrand, und aus den linker Hand sichtbaren Dächern des Dorfes, die von dem gedrungenen Kirchturm nur knapp überragt wurden, stieg anheimelnd der Rauch. Im Mittelfeld der schönen Aussicht war hinter den drei Birken, die Hedwig gepflanzt hatte, der See zu erkennen, auf dem an heiteren Wochenenden ein lebhaftes Treiben im Gange war. Die ungewöhnliche Dicke der Eisdecke hatte auch einige Einwohner der vier an den See grenzenden Dörfer, mehr aber motorisierte Städter hierher gelockt. In der Wittenhagener Bucht, wo man den Schnee weggeschoben und zu Wällen aufgetürmt hatte, zeigten Schlittschuhläufer ihre Künste. Weiter draußen überkreuzten sich die Spuren von Pferdeschlitten, und vereinzelt standen die vermummten Gestalten der Angler vor ihren ins Eis gehackten oder gebohrten Löchern. Reglos, als seien sie angefroren, harrten sie auch noch in der Abenddämmerung aus.

Die abseitige Lage der Villa, die vom Bauherrn einst gewählt worden war, um ihren Bewohnern den Lärm des Gutshofes zu ersparen, hatte auch eine Zufahrt erfordert, die kurz vor dem Dorfeingang von der Landstraße abzweigte und seit jeher im Dorf Villenweg hieß. Für die Briefträger, die jetzt Postzusteller hießen, im Auto aus der Kreisstadt kamen und sich in den kleinen Ortschaften nicht auskannten, hatte man den Villenweg sogar mit einem eignen Straßenschild geehrt. Um den neuen Vorschriften zu genügen, hatte die Villa auch die Hausnummer 1 erhalten, obwohl der Weg am Haus endete und es weitere Häuser nicht gab.

Der baum- und strauchlose Villenweg, der etwa 300 Meter über Ackerland führte, war zur Bauzeit der Villa mit Schotter etwas befestigt, nie aber erneuert worden, so dass er sich von anderen löchrigen Feldwegen nicht unterschied. Mit Autos konnte er nur vorsichtig im Schritttempo befahren werden, und schon ein Schneetreiben mittlerer Stärke machte ihn unpassierbar, weil er sich von der Schneedecke des Ackers nicht unterschied. Zu Zeiten der Gutsherrschaft hatten deren von Pferden gezogene Schneepflüge selbstverständlich die Schneeräumung übernommen, die jetzige Agrargenossenschaft aber war dazu nicht verpflichtet, und die Straßenwacht des Kreises, die für die freie Fahrt auf den Landstraßen sorgte, war für Feldwege nicht zuständig, so dass man auf die Güte von Dorfleuten, die noch Trecker und Schneepflug besaßen, angewiesen war.

In diesem Winter mit viel Schnee und extremer Kälte war man glücklicherweise dieser Bettelei enthoben, weil Leos Tochter Wilhelmine, die ihren Arbeitsplatz im Genossenschaftsbüro täglich zu Fuß erreichte, ihren Herrn Hoffmann schon am zweiten Morgen nach den starken Schneefällen dazu veranlassen konnte, einen Trecker mit Schneepflug zum Villenweg zu schicken, um die Leydenfrosts aus ihrer weißen Abgeschlossenheit zu befreien.

Die Sonne war an diesem klaren und kalten Januartag schon im Aufgehen begriffen, als Leo, der in der Nacht lange wach gelegen hatte, sich erst aus dem Bette erhob. Normalerweise war er schon ein oder zwei Stunden eher auf den Beinen, um sein Frühstücksei allein genießen zu können, denn zu so früher Stunde sprechen zu müssen war ihm verhasst. An diesem Morgen aber war er erst durch Wilhelmine wach geworden, die halblaut schimpfend nach ihren Filzstiefeln gesucht hatte. Da sie die Schlüssel zu ihrem Büro in Verwahrung hatte, musste sie trotz der Schneewehen pünktlich sein. Ihr Sohn, der sonst um diese Zeit zur Schule gefahren werden musste, genoss die Winterferien, indem er halbe Nächte am Computer verbrachte und die Vormittage verschlief.

Zu Leos geliebtem Morgenfrühstück gehörten auch die politischen Radiomeldungen, nicht aber die Sportnachrichten und Musikeinlagen, die er nur als störenden Lärm empfand. An diesem Morgen aber wurden auch die politischen Nachrichten schon abgeschaltet, weil der Lärm eines starken Motors zu hören war. Der Blick aus dem Fenster zeigte einen schweren, mit Schiebeschild versehenen Trecker, der die hohe Schneedecke des Villenweges mit spielerischer Leichtigkeit beiseiteschob. Leo, der in Wattejacke und Pelzmütze gefrühstückt hatte, lief zur Haustür und winkte, dekorativ zwischen den Säulen stehend, dem Fahrer des Ungetüms ein Willkommen zu. Er rief auch laut: »Herzlich willkommen!«, und obwohl der Motorenlärm die Begrüßung unhörbar machte, reagierte der Fahrer, indem er den Motor abschaltete und seine Kabine verließ. Da diese private Schneeräumung eigentlich nicht zu seinem Arbeitsprogramm gehörte, hatte er wohl schon mit einer kleinen Belohnung gerechnet, jedenfalls nahm er Leos Einladung zu einem Morgenkaffee wie selbstverständlich mit einem Kopfnicken an.

Der wohlbeleibte Mann mit grauem Bart und halber Glatze, den Leo im Dorf noch nie gesehen hatte, überraschte ihn, bevor er sich an den Kaffeetisch setzte, mit einer formvollendeten Selbstvorstellung: Er heiße Kurt Kulicke, sei eigentlich, wie man wohl an seiner Redeweise merke, Berliner und lebe erst seit drei Monaten hier. Lebenslang sei er als Fahrer tätig gewesen, sei in Taxis und Traktoren, in Panzern und Lastwagen immer auf Achse gewesen und hoffe nun in Wittenhagen, wo Herr Hoffmann, den er von früher her kenne, ihm diesen Job verschafft habe, seinen Lebensabend verbringen zu können. Ein Haus für sich und seine Lebensgefährtin habe er hier sehr günstig, auf Teilzahlung versteht sich, bereits gekauft.

Leo, der den Namen Hoffmann, neuerdings auch dessen Vornamen Erwin, täglich aus dem Munde seiner Tochter hörte, hoffte von seinem Gast Näheres über diesen Mann erfahren zu können, wurde aber enttäuscht. Seine Frage, woher Kulicke den Hoffmann kenne, wurde mit der Bemerkung, beide seien Kollegen in der gleichen Einrichtung gewesen, nur oberflächlich beantwortet, und der Frage, um welche Einrichtung es sich dabei gehandelt habe, wich der

Gefragte mit Erörterungen über kleine Orte, in denen Zugereiste immer Fremde blieben, sichtlich aus.

Da Leo spürte, dass Kulicke Fragen nach seiner Vergangenheit nicht mochte, brachte er das Gespräch auf die Hundekälte, die doch vielleicht vom Klimawandel zeuge, was sein Gast aber bestritt. »Mit Schnee und Kälte is et ooch früher schon manchmal so dicke jekommen«, sagte er, während er die Wattejacke zuknöpfte. »Ick erinnere mir noch jenau an een Manöver, nich weit von hier, in de Lausitz, wo morjens die Motoren nich anzukriegen waren und die Kühlflüssigkeit in allen Karren gefroren war. Der Klimawandel is nischt als Angstmache, glooben Sie mir!«

Mit diesem Urteilsspruch erhob er sich, zog sich die Wollmütze über die Ohren, drehte sich aber nach einigen Schritten an der Tür noch einmal um. Leydenfrost, sagte er, sei doch ein ungewöhnlicher Name, und deshalb wolle er fragen, ob es sich bei Rainer Leydenfrost, den er früher gut gekannt habe, vielleicht um einen Verwandten handle, er habe ihn aus den Augen verloren, möchte aber gern wissen, was nach der Wende aus ihm geworden sei.

Leo, der geglaubt hatte, den Verlust seines Sohnes verwunden zu haben, spürte deutlich, dass die Wunde wieder zu schmerzen begann. Es gelang ihm aber, äußerlich ruhig zu antworten, dass es sich dabei möglicherweise um seinen Sohn gehandelt habe, und gleich nachzufragen, wo Kulicke denn mit ihm zusammengetroffen sei.

Diese Antwort hatte zur Folge, dass der Fahrer sich wieder an den Tisch setzte und in einem Ton, der Vertraulichkeit ausdrücken sollte, zu erzählen begann. »Wenn det so is, kann ick Ihnen ja ehrlich sagen, dass ick Ihrem Sohn ewig dankbar bin. Ihm hab ick nämlich unjelogen det anjenehmste Jahr meines Lebens zu verdanken, det Jahr nämlich, in dem er mir zu seinem Fahrer jemacht und vom übrigen Dienst freijestellt hat. Een Jahr lang hab ick ihn durch die janze Republik kutschiert, een paarmal ooch nach Prag und nach Warschau, und ooch bei de Bulgaren sind wir mal jewesen, und immer hat er allet mit mir jeteilt, de Verpflegung und ooch den Schnaps, den et da reichlich jab. Tach und Nacht sind wir da manchmal ne Woche lang uff Achse jewesen, aber dann hab ick och viele freie Tage jehabt. Eenen besseren Chef hätt ick mir nicht wünschen können, und dat hab ick ihm, als et mit die jute Zeit aus war, och jesagt. Richtig verabschiedet hat er sich von mir, als er, Befehl is Befehl!, versetzt wurde, und allet Jute hat er mir für die Zukunft gewünscht. Und ick hab jesagt: Genosse Major, hab ick jesagt, eenen so juten Chef wie Sie kriege ick nie wieder. Ja, so war det. Und von dem Tach an war er verschwunden, aber det war ja normal in unsere Dienststelle, da hat keener vom andern mehr jewusst als den Namen, und ob der stimmte, war ooch nicht klar. Aber denn war ja bald allet zu Ende, denn kam der Kladderadatsch, und ick war ne Weile arbeetslos, bis ick denn uff Taxi umgestiegen bin.«

»Und was war das für eine Dienststelle?«

»Na, det Em-ef-es natürlich, dat nachher angeblich an allet schuld war, obwohl da doch och nur jemacht wurde, wat det Zetka befohlen hat. Und ick hab immer nur am Steuer jesessen, erst bei de Panzer und denn beim Em-ef-es ufm Wartburch, mit Bespitzeln und sowat hatte ick nie zu tun, och der Leydenfrost nich, der nur vors Ausland zuständig war. Und Spitzeln, ehrlich jesagt, tun se doch alle, oder etwa nich?«

Kulicke, der nun richtig in Fahrt gekommen war, redete in diesem Stil noch ein Weilchen weiter, beklagte sich über die Taxi-Unternehmer, die von der Ausbeutung ihrer Fahrer leben, weshalb er eine Stellung in der Senatsverwaltung vorgezogen hatte, wo man ihn dann seiner Stasi-Vergangenheit wegen gefeuert hatte, so dass er lange von der Stütze leben musste, bis er durch andere Ehemalige an Hoffmann verwiesen wurde und durch ihn in diesem Nest gelandet war. »Hilft ja nichts!«, sagte er zum Abschied. »Wer weiß, wozu et jut is. Da müssen wir eben durch!«

7.

Während im westlichen Deutschland und an den Küsten schon Regenwetter eingesetzt hatte, hielt im südöstlichen Brandenburg die Eiseskälte bei klarem Himmel noch drei Wochen an. Leo, der bisher allen Klagen darüber den Sonnenschein und den blauen Himmel entgegengehalten hatte, begann sich auch schon nach Tauwetter mit schützender Wolkendecke zu sehnen, behielt diesen Wunsch aber für sich. Die herrlichen Sonnenaufgänge, die er vom Küchenfenster aus beim Morgenkaffee beobachten konnte, hatten für ihn an Herrlichkeit schon etwas verloren, und auch die Vollmondnächte, in denen manchmal vom See her das donnernde Krachen sich spaltenden Eises zu hören war, hatten ihren Zauber mehr und mehr eingebüßt.

Niemand wollte am Abend mit kalten Füßen und klammen Händen zusammensitzen, um über die Gästeliste zu reden, jeder strebte in die Wärme unter der Daunendecke, selbst Walter, der sich sonst vom Computer nicht wegrührte, setzte jetzt, wie Leo vermutete, seine Weltvernetzung vom Bett aus fort. Die

Fernsehapparate in beiden Stockwerken blieben in diesen Wochen meist dunkel, nur im Parterre wurden die Abendnachrichten eingeschaltet, weil der Ärger über das dort übliche Schönreden der Asylantenscharen, die Deutschland angeblich große Chancen boten, ein fester Bestandteil von Leos Tageslauf war. »Unsere Arbeitslosen werden den anrückenden Konkurrenten mitnichten ein Willkommen bieten«, pflegte er still für sich zu sagen, und der religiöse Eifer der in den Moscheen aufgereihten Männlichkeit machte ihm Angst.

Die frühzeitige Nachtruhe hatte bei ihm und Hedwig ein nächtliches Wachliegen von einigen Stunden zur Folge, in denen unangenehme Gedankenfluten nicht zu kanalisieren waren und kleinste Sorgen zu riesigen wurden, die zu bewältigen unmöglich schien. Der unvermittelt auftauchende gedankliche Vergleich des lau und dünn gewordenen Christlichen mit der starken Gläubigkeit der Fremden konnte bei Leo dann leicht zu nächtlichen Wachträumen führen, in denen er miterleben musste, wie seine Urenkelinnen ihre jungen Gesichter verschleiern müssen, bevor sie auf die Straße gehen.

In Hedwigs nächtlichen Grübeleien dagegen wurden häufig schwere Entscheidungen ihrer Jugend wiederbelebt. Die zwei Abtreibungen, die sie in ihren Rebellenjahren ohne schlechtes Gewissen hatte vornehmen lassen, wollten ihr nun in ihren nächtlichen Grübeleien als unbedacht erscheinen, denn die politischen Geschehnisse, derentwegen sie damals die beiden Kinder nicht hatte austragen wollen, hatten ihre Wichtigkeit inzwischen völlig verloren, sie fielen ihr nach so vielen Jahrzehnten gar nicht mehr ein. Selbst ihre bei Tage immer wieder begrüßte Entscheidung, dem fragwürdigen politischen Handeln zugunsten der Medizin den Abschied gegeben zu haben, wurde in schlaflosen Nächten schwarz eingefärbt.

Leo, der schon in jüngeren Jahren unter dem Zwang nächtlichen Grübelns gelitten hatte, war damals auf das Heilmittel des autogenen Trainings verwiesen worden, und er hatte sich fleißig darin geübt. Es war ihm gelungen, sich über einer grünen Wiese schwebend zu fühlen, die Bewegung des eignen Zwerchfells zu spüren und die Gliedmaßen auf Befehl warm werden zu lassen, aber im Ernstfall hatte das genauso wie das Zählen bis hundert oder das Memorieren von Gedichten versagt.

In diesen Winternächten, in denen der Vollmond die bis zur Decke reichenden Bücherregale in ein silbriges Hellgrau tauchte, war es der verlorene Sohn, der ihn nicht schlafen ließ. War Rainer vielleicht mangelnder Liebe wegen seinem Einfluss entglitten? Hatte seine väterliche Fürsorge nicht tatsächlich mehr den Töchtern gegolten? War sein Wutausbruch bei der Entzweiung nicht vielleicht Zeichen einer schon länger bestehenden Kluft zwischen Vater und Sohn gewesen? Und warum hatte er sich später nicht intensiver um Versöhnung bemüht? Der Verdacht, dass Rainers Mutter die Beziehung zum Sohn hinter seinem Rücken aufrechterhalten haben könnte, schlich sich immer wieder in sein wirres Erinnern. Nachts nahm er sich vor, Wilhelmine danach zu fragen, doch am Tage verwarf er diesen Gedanken wieder, weil das Verhältnis zu seiner erwachsenen Tochter kein besonders vertrautes war. Fremd war ihm auch sein Enkel Walter geblieben, er hatte, so sein nächtliches Grübeln, also auch als Großvater versagt.

Während Hedwig, die während ihrer Rebellenjahre einmal versucht hatte, über eine ihrer unglücklichen Liebesaffären mit Hilfe von Drogen hinwegzukommen, lieber die Marter einer völlig schlaflosen Nacht erduldete, als ein Schlafmittel zu nutzen, war Leo eher zum Griff nach der Tablette bereit. Viel war ihm damit aber auch nicht geholfen, weil der chemisch erzwungene Schlaf ihn nicht ruhigstellte, sondern ihn mit unangenehmen, abscheulichen oder schrecklichen Träumen plagte, aus denen gerissen zu werden eine Erlösung war. Erfreuliche, sogar glücklich machende Träume, wie er sie aus jüngeren Jahren in Erinnerung hatte, waren ihm im Alter nicht mehr beschieden, weshalb er dann lieber die Wirkung von Dichtung erprobte, und wenn auch diese ihn nicht in eine andere Stimmung versetzen konnte, geschah es manchmal, dass er schon um vier Uhr morgens am Frühstückstisch saß.

An einem der letzten Januartage, als er den Schlaf wieder einmal mit pharmazeutischer Hilfe herbeigelockt hatte, waren es Tiefflieger, die ihn über eine deckungslose Ebene jagten und mit dem Aufblitzen ihrer Bordwaffen aus dem Schlafe schreckten, weshalb er, eine Wiederholung der Jagdszene fürchtend, das Bett vorzeitig verließ. Wie ihm ein Blick aus dem Fenster in das völlige Dunkel zeigte, hatte eine tiefhängende Wolkendecke Mond und Sterne verschwinden lassen, so dass auf ein Ende der Kälteperiode zu hoffen war. Da der von ihm bevorzugte Radiosender mit dem Programm für Frühaufsteher noch nicht begonnen hatte, war er beim Kaffeetrinken ganz auf sich selbst verwiesen, was sonst meist zur Folge hatte, dass er sich Novellen oder Romane ausdachte oder sich in Erinnerungen verlor. Heute aber bewirkte der zu erwartende Wetterumschwung eine Besinnung auf Gegenwärtiges, wobei ihm auch die in Vergessenheit geratene Gästeliste wieder einfiel, mit deren Entwurf er gleich nach dem Anheizen des Kochherdes begann.

Sein Hang zum Systematisieren ließ ihn zuerst drei Rubriken entwerfen, deren erste er nach kurzem Besinnen wieder aufgeben musste, da sie Hedwigs und seine Freunde betroffen hatte, von denen keiner mehr am Leben war. An deren Stelle musste nun die Familie treten, was nicht unproblematisch war. Beispiel dafür waren seine zwei Schwiegersöhne, die er beide nicht leiden konnte, was er für naturgegeben hielt. Luises Gatte, ein Filmemacher, der seinen Schwiegervater in Wittenhagen nur einmal besucht und nach zwei Stunden verärgert verlassen hatte, gehörte mit Frau und Tochter zweifellos auf die Gästeliste, so unangenehm das für Leo auch war. Wilhelmines ehemaliger Mann dagegen, der sich zwar mit der Scheidung von der Familie getrennt hatte, ihr aber als Walters Vater dennoch irgendwie angehörte, war ein Fall, den Wilhelmine entscheiden musste, und da sie wenig später seine stille Morgenstunde schon störte, fragte er sie auch gleich danach.

Wilhelmine war es gewohnt, vor dem Waschen und Frisieren einen Kaffee auf nüchternen Magen zu trinken, ohne den sie angeblich nicht auf die Beine kam. Sprechen aber konnte sie gleich nach dem Erwachen, und zwar unaufhörlich, es sei denn, jemand fiel ihr ins Wort. Diesmal waren es ihre Träume, die sie ihrem Vater haarklein erzählen musste, und da dieser zu wissen glaubte, dass die nächtlich in ihr angestauten Worte einen Abfluss brauchten, wurde der Redestrom von ihm erst unterbrochen, als sie von der Schilderung der Träume zu deren Deutung übergegangen war.

»Entschuldige, Minchen, dass ich dich unterbreche«, begann er vorsichtig, »deine Traumdeutung in allen Ehren, aber mich bedrückt momentan eine andere, realere Frage, die nur du mir beantworten kannst. Es geht dabei um den neunzigsten Geburtstag deiner Tante, den wir doch auch zu einem Familientag machen wollen, und zu einem solchen im weiteren Sinne gehört doch vielleicht auch Walters Vater, dein Professor Kunze, auch wenn er dir inzwischen abhandengekommen ist.«

»Er ist weder mein Professor, noch ist er mir abhandengekommen«, antwortete Wilhelmine, während sie die Hände an der Kaffeetasse wärmte. »Da er mir untreu wurde, habe ich mich von ihm getrennt. Der Professor übrigens war nur ein Titel, den man dem verdienten Pädagogen für gute Parteiarbeit verliehen hatte. Ob er ihn heute noch führen darf, weiß ich nicht.«

»Wie dem auch sei, Minchen, aber er ist doch Walters Vater.«

»Ja, das ist er leider, aber gekümmert hat er sich um ihn wenig, eigentlich gar nicht. Nur Unterhalt für ihn hat er immer pünktlich gezahlt, und zwar nicht wenig, woraus zu schließen ist, dass er heute wieder gut verdient.«

»Bei seiner Veranlagung zur Unterordnung halte ich das für selbstverständlich, dergleichen zahlt sich heute wie damals aus. Ich wollte aber von dir wissen, ob wir ihn einladen wollen oder nicht.«

»Nicht, wenn er mit seiner Mätresse kommt!«

»Wir können doch nicht in die Einladung schreiben: Kommen nur ohne Begleitung! Auch ist es doch möglich, dass seine Geliebte inzwischen zu seiner Gemahlin geworden ist.«

»Papa, wenn du dir einbilden solltest, dass ich die Hexe mit Doktortitel freundlich lächelnd willkommen heißen werde, so hast du dich arg getäuscht.«

Zur Bekräftigung dieser Worte setzte Wilhelmine die Kaffeetasse hart auf die Herdplatte und ließ ihren Vater mit der Gästefrage allein. Für eine halbe Stunde blockierte sie das Badezimmer, um dann ihren Sohn zu wecken, der zu Leos Freude morgens nie die Küche betrat. Kaum war das Kind, das seinen

Großvater schon um einen Kopf überragte, gewaschen und angezogen, wurde es von seiner Mutter in die Schule gefahren. Erst in der großen Pause labte er sich mit einem Frühstück aus Keksen und süßen Getränken, die ihm die dem Gymnasium benachbarte Kaufhalle bot.

Als Wilhelmine nach einer halben Stunde zurückkam, das Auto abstellte, um sich in der nun schon etwas erwärmten Küche mit Filzstiefeln zum Gang ins Büro zu rüsten, bekam ihr Vater doch noch eine Antwort von ihr.

»Falls du glaubst, meinen Ex einladen zu müssen, wird von mir aber auch die Einladung Erwin Hoffmanns verlangt.«

8.

Die niedrige Wolkendecke, die Tag und Nacht die Gestirne verdeckte, hatte zwar nicht das von Leo erhoffte Tauwetter zur Folge, aber doch eine Kälteminderung, die den Villenbewohnern erträgliche Zimmertemperaturen brachte und ihnen die Angst vor Vereisung des Wasserrohrs nahm. Um lesen zu können, musste auch tagsüber das Licht eingeschaltet werden, aber der Aufenthalt in Zimmer und Küche war jetzt wieder auszuhalten, und Hedwigs Gummiwärmflasche kam außer Gebrauch. Trotz des vereisten Villenweges konnte Hedwig ihre Pflichtspaziergänge wieder machen, musste sich aber mit Dorf und Landstraße begnügen, denn der hohen Schneedecke wegen waren ihr Wald und Wiese noch immer versperrt.

Auch Leo waren Spaziergänge ärztlich verordnet worden, doch machte er sie nicht regelmäßig, weil er sie für Zeitvergeudung hielt. Zum Ausgehen waren ihm Zwecke nötig, die aber immer zu finden waren, wenn ihm nach Frischluft zumute war. An diesem ersten Morgen ohne schneidende Kälte hatte ihm seine Tochter mit der erneuten Erwähnung des Erwin Hoffmann den Grund zu einem Spaziergang ins Dorf geliefert, das auch Nachrichtenzentrale war. In seiner Kindheit waren Kirche und Kneipe die Umschlagplätze für Neuigkeiten gewesen, beide waren aus unterschiedlichen Gründen nach dem Krieg ausgefallen, und auch der Konsum (Betonung auf der ersten Silbe), dem diese Rolle in den sozialistischen Jahrzehnten zugefallen war, hatte nun lange schon ausgedient. Er hatte dem Supermarkt, wie die Kaufhalle jetzt genannt wurde, weichen müssen, die es aber nur in größeren Orten gab. In Wittenhagen war anstelle von Konsum und Kneipe neuerdings die Familie Noack getreten, deren Haus und Hof, obgleich nicht in der Dorfmitte gelegen, zu einer Art Zentrum geworden war.

Der alte Noack, etwa in Leos Alter, der nach dem Kriege den ererbten Bauernhof mittlerer Größe durch verstärkte Rinderzucht einträglich gemacht hatte und sich auch nach der erzwungenen Kollektivierung einige Rinder privat gehalten hatte, war nach der Wende der einzige Bauer Wittenhagens gewesen, der sich wieder selbständig gemacht hatte, obwohl er zu dieser Zeit schon im Rentenalter gewesen war. Da seine Kinder dem Ackerbau und der Viehzucht abgeneigt waren, hatte er die Wirtschaft aufgeben müssen, als er von einem seiner Prachtbullen zum Invaliden gemacht worden war. Vom Rollstuhl aus musste er miterleben, wie seine Äcker an die örtliche Genossenschaft verpachtet wurden und seine

Rinder an Berliner Türken verkauft. Dass die Käufer hohe Preise für seine von Gesundheit strotzenden Tiere zahlten, erfüllte ihn mit Genugtuung, dass sie sie auf seinem Hof aber gleich schächteten, erweckte in ihm einen Widerwillen, der sich in Schimpfkanonaden auf alles Fremde entlud. Die von ihm anfangs missbilligten Umbauten dagegen, die seine Kinder vornahmen, gefielen ihm mit jedem Tag besser, weil sich in ihnen der gleiche Erwerbseifer dokumentierte, der auch ihm immer Ansporn gewesen war.

Die jungen Noacks, Sohn und Tochter, die inzwischen auch schon Großeltern geworden waren, hatten den Vierseithof zur Straße hin geöffnet und die soliden, zu Kaisers Zeiten erbauten Ställe und Scheunen zu ihren Arbeitsstätten gemacht. Links hatte Matthias Noack seine Autowerkstatt eröffnet, rechts wurde durch eine Leuchtschrift auf Cornelias Frisiersalon hingewiesen, und hinter den Gebäuden, wo man einst Obst und Gemüse angebaut hatte, war ein Parkplatz entstanden, auf dem als Erinnerung an alte Zeiten ein alter Nussbaum stehengeblieben war.

Zu den Noacks also war Leo am frühen Vormittag aufgebrochen, hatte das Eis des Villenweges ohne Sturz hinter sich lassen können, war nach rechts in die schnee- und eisfreie Chaussee eingebogen und hatte schon nach wenigen Schritten das Ortsschild passiert. Der hier beginnende Teil der zur Dorfstraße werdenden Landstraße war in seiner Kindheit als

Dudel bezeichnet worden, doch war dieser Name, der etwa Anhang, Fortsetzung oder Letztes Ende bedeutet haben mochte, der neuen Zeit verlorengegangen, weil die gesamte Dorfstraße, einschließlich ihrer Verlängerung auf der anderen Seite, die Nasses Ende geheißen hatte, schon seit den Nachkriegsjahren Straße der Freundschaft hieß. Diese Vereinheitlichung, die Leo Gleichmacherei nannte, schien ihm auch für die gegenwärtigen Einebnungstendenzen, die Differenzierung nicht dulden wollten, symptomatisch zu sein. »Die Unterscheidung von geborenen und gewordenen Deutschen ist uns ja schon lange verboten worden«, sagte Leo lautlos zu einem nicht vorhandenen Begleiter, »und das liebenswerte Fräulein, das Etappen eines Frauenlebens unterscheiden lehrte, haben uns die Sprachregler auch genommen, und die Kunst hat man schon lange mit Unterhaltung, Unsinn und Kitsch auf die gleiche Stufe gestellt.«

Auf den ersten hundert Metern der Dorfstraße, wo sich früher Gutsarbeiter und andere arme Leute angesiedelt hatten, war durch Um-, An- und Neubauten, durch überdachte Autostellplätze, Ziermäuerchen, Gartenzwerge und mehrfarbige Vorgartenzäune eine Art Vorortsiedlung entstanden, in der als Erinnerung an frühere Zeiten nur ein halbverfallenes Kleinbauerngehöft erhalten geblieben war. Das alte Dorf mit seinen zeitweilig wohlhabenden Bauern, den Besitzern, wie sie sich selbst gern nannten, war bei seiner Gründung im Mittelalter als Angerdorf angelegt worden, weshalb sich noch heute bei den ersten größeren Gehöften die Straße verzweigt und hinter dem Anger wieder zusammengeführt wird.

Leo, der neben anderen Liebhabereien auch die des Landkartenlesens pflegte, ärgerte sich bei seinen Dorfgängen immer wieder darüber, dass die klare Dorfanlage der Gründungsväter, die er auf älteren Karten noch intakt gefunden hatte, in neuerer Zeit verunstaltet worden war. Der Anger mit Dorfteich, Kirche, Friedhof und Schule, der Jahrhunderte hindurch der ganzen Dorfgemeinschaft gehört hatte, war auch vom adligen Gutsherrn, der sich zu Anfang des 19. Jahrhunderts in Sichtachse der Kirche ein Herrenhaus gebaut hatte, nicht angetastet worden, und auch später, als drei Generationen der Leydenfrosts das Gut besaßen, behielt der Anger seine alte Funktion. Erst 1945, als nach der Enteignung des Gutes und dem Abriss des Herrenhauses auch andere Teile des Gutsgeländes parzelliert wurden, bezog man auch die Freiflächen des Angers in die Besiedlung mit ein. Da dabei auch der Friedhof aufgegeben und das Schulhaus zum Wohnhaus umgebaut wurde, war von der alten Dorfanlage kaum noch etwas zu sehen.

Andrerseits war das Dorf in den letzten Jahrzehnten durch Straßenbau und Gebäudesanierungen auch sauberer und schöner geworden, was jetzt aber durch die seitlich des Fahrdamms aufgeworfenen Schneewälle nicht ins Auge fiel. Statt kritischer Urteile, die ihn im Dorf sonst immer beschäftigt hatten, spürte er Freude in sich aufkommen, wenn ihm aus einem

Fenster oder vorbeifahrenden Auto ein Gruß zugewinkt wurde, so dass er sich fragen musste, warum ihn ein Gang durchs Dorf heute fröhlich stimmte, ihm aber in der Jugend immer als Spießrutenlauf erschienen war. Die Vorstellung, keinen Schritt aus dem Haus anonym machen zu können, hatte den Jungen damals in die Großstadt getrieben, doch dem Alten von heute wurde über die Gewissheit, jedem bekannt zu sein, jeden zu kennen und überall eine freundliche Begrüßung erwarten zu können, ganz wohl ums Herz.

Freundliche Gesichter blickten ihm auch entgegen, als er am letzten der Bauernhöfe, dort, wo sich die beiden den Anger umfassenden Straßen wieder vereinten, die Einfahrt von Noacks Hof passierte und zwei vor der Autowerkstatt zigarettenrauchende Männer ihm ihre Zufriedenheit mit dem Ende der Hundekälte versicherten, was bei ihm auf lebhafte Zustimmung traf. Wettergespräche hielt er nicht mehr wie früher für überflüssig, deuteten sie doch sinnbildlich die Gemeinsamkeit von Empfindung und Meinung an.

In Cornelias Frisiersalon, der etwa die Größe eines normalen Wohnzimmers hatte, konnte man sich sofort heimisch fühlen, weil seine Ausstattung mit billigen Kiefernholzmöbeln die jetzt überall übliche war. Aus der Schülerin Cornelia, die Leo bei seiner Rückkehr nach Wittenhagen als hübsches und schlankes Mädchen kennengelernt hatte, war inzwischen eine noch immer hübsche, aber stark aus der

Form geratene Mutter und Großmutter geworden, deren Ruf als modische Gestalterin von Damenfrisuren bis in die Kreisstadt gedrungen war. Ihre männlichen Kunden aus Wittenhagen und den umliegenden Dörfern, deren Haare früher von ihren Frauen gekürzt worden waren, wurden immer schnell von ihr abgefertigt, für die haarkünstlerische Gestaltung ihrer weiblichen Kunden aber ließ sie sich Zeit. Alle Kunden jedoch blieben noch gern bei ihr sitzen, um einen Kaffee zu trinken, weil man nur hier die Neuigkeiten des Dorfes erfuhr.

Cornelia, die von Leo noch immer mit Vornamen und Du angeredet wurde, war eine gute Zuhörerin. Die von ihr gesammelten Neuigkeiten gab sie nur auf Verlangen von sich und auch das nur in Stichworten, weil sich in ihnen die eigne Parteinahme nicht verriet.

Kaum hatte sie Leo den Frisierumhang im Nacken befestigt, wusste sie schon, dass Frau Leydenfrost die sibirische Kälte zwar mit altersbedingten Schwierigkeiten, aber doch leidlich gesund überstanden hatte und dass der Villenweg durch den Genossenschaftstraktor von Schnee befreit worden war. Als sie auch Interesse für die Gesundheit der Frau Kunze und deren Zufriedenheit mit ihrer Büroarbeit zeigte, war die von Leo erhoffte Gelegenheit für Erkundungen über Herrn Hoffmann schon unverhofft da.

»Nach Anfangsschwierigkeiten mit den Computern scheint sie sich gut eingearbeitet zu haben«, ließ er sich verlauten, »aber du weißt ja selbst, wie wenig man von den Kindern erfährt. Was sie wirklich freut oder bedrückt, ist nur schwer aus ihnen herauszukriegen. Mit ihrem Chef zumindest scheint sie sich gut zu verstehen. Ist der auch Kunde bei dir?«

»Ist er nicht!« war alles, was Cornelia dazu sagte, aber die Kränkung darüber war ihr anzumerken, was Leo ermunterte, gleich auch zu fragen, wo denn dieser Herr Hoffmann zu Hause sei.

Da Cornelia, hinter ihm stehend, den Spiegel dazu benutzte, im Blickkontakt mit ihrem Kunden zu bleiben, genügte es, ihm ihre Verneinung gestisch zu zeigen, um dann aber noch hinzuzufügen, dass Hoffmann jeden Morgen pünktlich mit seinem großen Mercedes komme, woher aber, wisse sie nicht.

»Er kommt aus der Stadt«, sagte eine der Damen, die vom Kaffeetisch her interessiert zugehört hatte, und Leo, der sich ein wenig seitwärts setzte, um die Sprecherin im Spiegel sehen zu können, vermutete, dass die Kreisstadt damit gemeint war.

Wie gut er es damit getroffen hatte, bewiesen die weiteren Ausführungen der Dame, in denen vom Roten Adler, dem bekannten Hotel am Markt, die Rede war. Hoffmann habe hier vor einem Jahr etwa ein Hotelzimmer zu Vorzugspreisen bezogen, in dem er noch immer wohne, weil der Wohnungsneubau am Spreeufer, in den er sich eingekauft habe, nicht rechtzeitig fertiggeworden sei. Als Beruf, so hieß es abschließend, habe er im Hotel Landwirtschaftswissenschaftler angegeben, und in der Landwirtschaft arbeite er doch wohl auch.

Die Erzählerin, die nach Leos Abfertigung den Stuhl vor dem Spiegel besetzen durfte, gehörte zu der kreisstädtischen Kundschaft, die von Cornelias gutem Ruf nach Wittenhagen gelockt worden war. Sie war etwa vierzigjährig, also noch jung nach Leos Empfinden, stach deshalb wohltuend ab von den vielen Alten mit ihren faltenreichen, oft auch vergrämten Gesichtern, die er im Dorf vorwiegend zu sehen bekam. Ihre Frisur, glatt und gescheitelt, ließ ihre Herkunft aus besseren Kreisen vermuten, wofür auch ihre geschmackvolle Kleidung ohne Flitter oder Aufschriften sprach. Da ihr Haar nicht durch Locken verunstaltet, sondern nur gewaschen und geschnitten wurde, hatte Leo nicht lange darauf zu warten, dass sie, wie hier üblich, nach ihrer Abfertigung zurück an den Kaffeetisch kam.

Die mit am Tisch sitzende alte Frau Paschke, die ihre Haare, wie früher üblich, zu einem Dutt gebunden hatte, war keine Kundin Cornelias, sondern eine nach Gesellschaft hungernde Nachbarin. Sie und ihr kürzlich erst gestorbener Mann hatten sich damals bei der Kollektivierung, anders als die Noacks, relativ rasch mit der Aufgabe ihres Betriebes abgefunden, den Verlust von Selbständigkeit und damit Eigenverantwortung sogar zu schätzen gewusst. War doch die Degradierung vom Bauern zum Arbeiter mit dem Anspruch auf geregelte Arbeitszeiten, auf Jahresurlaub und Altersrente verbunden gewesen, und die Kinder hatten frei ihre Berufe wählen können, weil niemand mehr dem Erbe verpflichtet war. Von Paschkes war das Ende der sozialistischen Zwänge nicht als Befreiung empfunden worden, sondern als Sturz in die Unsicherheit. Für das Risiko neuer Selbständigkeit war man zu alt geworden, und die Kinder, die andere Berufe hatten und dem Landbesitz entfremdet waren, waren westwärts gezogen, weil es dort Arbeit gab. Nur Frau Paschke war in Haus und Hof zurückgeblieben, und um nicht ständig allein sein zu müssen, saß sie oft bei Cornelia, wo sie immer Neues hören und die Kunden, die von auswärts kamen, über das Dorf aufklären konnte, wie heute die aus der Kreisstadt angereiste Dame, die durch sie schon alles wusste, was im Dorf über die Leydenfrosts zu erfahren war.

Leo, der von der fremden Dame mehr über Erwin Hoffmann zu erfahren hoffte, konnte sich ohne Schwierigkeiten an dem Gespräch der beiden Frauen beteiligen, schwieriger aber war es, die Fremde auszufragen, weil diese nämlich sofort ihrerseits zu fragen begann.

9.

Der Ton, in dem die Dame ihren Namen nannte, ließ vermuten, dass sie als Reaktion darauf eine Äußerung freudiger Überraschung erwartete, die aber nicht kommen konnte, da Leo der Name Grit Schmalfuß unbekannt war. Für sie begann das Gespräch also mit einer Enttäuschung, die sich noch fortsetzte, als Leo auf ihre Frage, wie er den Hass der Dorfleute auf die ehemaligen Gutsbesitzer ertrage, mit der Bemerkung beantwortete, davon habe er noch nie etwas bemerkt. Da er aber die Frau nicht von vornherein durch das Anzweifeln ihrer Vorurteile vergrämen wollte, hielt er es für besser hinzuzufügen, dass sein Vater auch kein Großgrundbesitzer, sondern eigentlich nur ein größerer Mittelbauer gewesen sei.

Grit Schmalfuß war, wie er jetzt erfahren konnte, freiberuflich tätige Journalistin, die, wie sie mehrmals betonte, auch für überregionale Blätter schrieb. Ihr Spezialgebiet waren die Probleme der sogenannten neuen Länder, über die sie jetzt eine größere Arbeit verfasste, nach deren Publizierung, wie sie betonte, die Geschichte der Wiedervereinigung neu zu schreiben sei. Sie werde darin nämlich nachweisen, dass die Euphorie von 1989 einen nationalistischen Hintergrund gehabt habe, durch den die später zutage getretene Aversion gegen Menschen mit fremden Wurzeln zu erklären sei.

Frau Schmalfuß war mit ihrem Mann, einem Juristen, und einer noch schulpflichtigen Tochter aus Bochum in den Osten gekommen und nach mehreren Zwischenstationen, in denen ihr Mann sich um die Etablierung demokratischer Rechtsverhältnisse verdient gemacht hatte, in der hiesigen Kreisstadt angekommen, wo ein Haus mit Seeblick zu ihrer neuen Heimat geworden war. Als Brandenburgerin könne sie sich jetzt also bezeichnen, obwohl sie einräumen müsse, dass sie für manchen Einheimischen noch immer die Fremde sei. Zwar habe sie direkte Anfeindungen nicht erfahren müssen, wohl aber eine Distanzierung zu spüren bekommen, die sie auf die Verängstigung zurückführe, die hier von zwei Diktaturen zurückgeblieben sei.

Leo, der Näheres über Hoffmann erfahren, nicht aber die alten Ost-West-Streitereien nachholen wollte, versagte sich die Bemerkung, dass es den beiden großstädtischen Akademikern in abgelegenen Gegenden des Emslandes oder Oberschwabens sicher nicht anders ergehen würde, und versuchte das Thema mit der Bemerkung: »Ja, der Osten birgt noch manches Geheimnis!«, schnell zu beenden, aber da machte Frau Schmalfuß, die die Ironie nicht verstand oder sie ignorierte, nicht mit. Sie beharrte auf ihrem Thema, das bei ihr »Das mentale Nachhinken des Ostens« hieß.

Auf Sohn und Tochter eines enteigneten Gutsbesitzers zu treffen, die an den Ort der Enteignung zurückgekehrt waren, obwohl die Tochter eine bemerkenswerte West-Vergangenheit hatte, war für Frau Schmalfuß ein Glücksfall, der sicher nicht wiederkam. Sie nahm sich vor, über die Vergangenheit der Schwester genauer zu recherchieren und sie dann um ein längeres Interview zu bitten, das in ihr Buchprojekt passte und als Radiobeitrag für die nächste Wiedervereinigungsfeier zu nutzen war. Sie versuchte deshalb auch, bei ihrem Thema zu bleiben, als Leo sie fragte, ob ihr dieser Herr Hoffmann schon einmal über den Weg gelaufen sei.

Ja, sagte sie, in Gremien des Landkreises sei sie ihm schon mehrfach begegnet, und überall werde er als Landwirtschaftssachverständiger geschätzt. Ihr gegenüber aber zeige er eine Zurückhaltung, die sie im Westen beleidigend fände, hier aber darauf zurückführe, dass man in der Moderne noch nicht angekommen sei. »Auch Freiheit«, sagte sie mit der dazugehörigen Emphase, »muss errungen sein.«

»An Ihnen ist eine Lehrerin verlorengegangen«, sagte Leo und wunderte sich nicht mehr darüber, dass sie das als Lob und Zustimmung nahm. Sie war inzwischen bei anderen von ihr entdeckten Facetten der Ost-Problematik angekommen, denen Leo aber durch seinen hastigen Aufbruch entging. Er entschuldigte sich mit wichtigen Terminen und verabschiedete sich von Cornelia mit Handschlag und dem üblichen »Tschüss!«. Die ihm nachgerufene Frage der Journalistin, ob seine Schwester für ein Interview zur Verfügung stehe, beantwortete er ausweichend: Sie könne ja bei ihr anfragen, aber bitte im Frühjahr erst.

Auf der durch Schneewälle verfremdeten Dorfstraße, wo er mit schneeschaufelnden Leuten einige Worte über die Wetteränderung wechselte, ging ihm die Begegnung mit der Journalistin nicht aus dem Sinn. Verglichen mit den früher im alten Osten akkreditierten westlichen Korrespondenten, von denen einige seine Freunde geworden waren, schnitt sie schlecht ab. Die damaligen Zeitungs- und Fernsehleute waren nicht wie die Schmalfuß als Schulmeister, sondern als Zuhörer gekommen, was zur Folge hatte, dass man sie fast überall freundlich empfing. Sie wollten nicht belehren, sondern Nachrichten sammeln, und wenn es möglich war, halfen sie den Eingeschlossenen auch. »Damals im kleineren Teil Deutschlands sitzend«, dachte Leo wehmütig, »ist uns der größere als das Bessere oder auch nur als das geringere Übel erschienen, weil das dortige Leben im Gegensatz zu dem uns aufgezwungenen zu stehen schien. Dass wir das heute anders empfinden, ist sicher auch damaligen Illusionen geschuldet, mehr aber wohl einer Entwicklung, die aus den zusammengewachsenen Teilen ein Ganzes formte, das mit Erbteilen beider Seiten belastet ist. Das scheinbar Unvereinbare hat sich sehr wohl vereinen lassen, weil sich die unterschiedlichen Wege als solche zum gleichen Ziele erwiesen haben: zum Fortschritt hin nämlich, der sich beispielsweise in der großflächigen maschinellen und chemischen Landbearbeitung beweist. Am Fortschritt hängt, nach Fortschritt drängt doch alles, ach wir Armen.«

10.

Der Winter, der sich im Januar mit Eis und Schnee von seiner unangenehmsten Seite gezeigt hatte, zog sich Anfang Februar wieder in die Weiten Russlands zurück. Die aus dem Westen herandrängenden Wolkenmassen brachten Nieselregen, der in den Morgenstunden die Straßen und Wege mit Glatteis bedeckte und die Schneedecke in Wald und Feld verharschen ließ. Die beiden nicht mehr trittsicheren Alten wagten sich erst am späten Vormittag aus dem Hause, als kurzzeitig blauer Himmel zu sehen war.

Während Hedwig sich in Gummistiefeln bis zu den kümmerlichen Überbleibseln des elterlichen Gartens wagte, wo erste Blüten der Schneeglöckchen und des Huflattichs zu bewundern waren, begnügte sich Leo mit dem kurzen Gang zum Gutshof, wo er zum ersten Mal seine Tochter in ihrem Büro aufsuchte, weil er ihrem Chef zu begegnen hoffte, aber der war nicht da. Die Landesregierung hatte ihn nach Potsdam gebeten, und in Berlin wurde er für die »Grüne Woche« gebraucht. Seine Fachkompetenz, meinte seine Sekretärin, sei überall gefragt.

Freude über den Besuch ihres Vaters schien Wilhelmine nicht zu empfinden, und auch dieser fühlte sich bei seinem unbefugten Eindringen in das Reich der Tochter, das er wenig überzeugend mit Interesse an ihrer Arbeit begründete, nicht recht wohl. Die Befangenheit, die beide spürten, erinnerte Leo an das Unbehagen, das er als Kind empfunden hatte, als seine Mutter einmal in der Schule erschienen war. Obwohl er wusste, dass sie sich aus Sorge für ihn dazu entschlossen hatte, war er bemüht gewesen, sie bald wieder loszuwerden, weil sie dort damals so wenig hingehört hatte wie er jetzt in dieses Büro.

Er versuchte, sich hier nicht als tonangebender Vater, sondern eher als Bittsteller zu geben, und Wilhelmine war bestrebt, den Anstand zu wahren, also nicht spüren zu lassen, dass sie über das Eindringen des Vaters in ihre Bereiche verärgert war. Ihr zuliebe bestaunte Leo die Computer, Drucker und sonstigen Apparaturen, ließ sich ihre Funktionsweise erklären und war besonders an der chromglänzenden Mokkamaschine interessiert. Die Geschicklichkeit Wilhelmines, dem komplizierten Gerät tatsächlich Kaffee entlocken zu können, wurde ausgiebig von ihm bewundert, so dass es zu der Einladung, ein Tässchen zur Probe zu trinken, fast zwangsläufig kam.

Das Büro, zu dem man den Pferdestall umgebaut hatte, war so geräumig, dass es neben zwei Schreibtischen, mehreren Aktenschränken und Ablagen noch Platz für eine Sitzecke mit rundem Tischchen und vier Sesseln bot.

»Erstaunlich modern habt ihr es hier«, sagte Leo, nachdem er den Kaffee gelobt hatte, der in bestem Markenporzellan serviert worden war. »Man hat den Eindruck, dass euer Betrieb floriert.«

»Der Eindruck täuscht«, sagte Wilhelmine, die zwar ihrem Vater einen Sessel angeboten hatte, selbst aber am Schreibtisch stehend mit einem Aktenordner beschäftigt war. »Der Eindruck täuscht, und er soll auch täuschen, die Kreditgeber nämlich, ohne die wir am Ende wären, weil der Milchpreis immer weiter verfällt. Wäre Erwin, ich meine Herr Hoffmann, nicht mit allen Wassern der Geschäftswelt gewaschen, wäre die Pleite nicht weit. Seine fachlichen Qualitäten und sein sicheres Auftreten erwecken bei Leuten, auf die es ankommt, Vertrauen. So arm, wie wir sind, sagt er immer, dürfen wir uns nicht zeigen: Wer etwas haben will, muss etwas von sich hermachen, und sei es auch nur mit Meißener Porzellan.«

»Er kann sicher auftreten, sagst du. Damit steht er doch nicht allein. Das haben die Leute von drüben, wie es scheint, doch alle gelernt. Ich frage mich nur, welches Unglück ihn hierher verschlagen hat, wo er sich doch wie in der Verbannung fühlen muss?«

»Nein, nein, Papa«, rief Wilhelmine, die den Makel, einen Westdeutschen gelobt zu haben, nicht auf sich sitzen lassen konnte. »Nein, du irrst dich, er ist doch einer von uns!«

Leo, der das seiner Tochter geläufige »Uns« als Sammelbezeichnung für Ostleute nicht über die Lippen brachte, wollte nun wissen, wie man denn im

Osten zu einem gewieften Geschäftsmann hat werden können, worauf Wilhelmine ihren alten Vater, dem Jahrzehnte so schnell wie Tage vergangen waren, daran erinnern musste, dass seit der Wende schon ein Vierteljahrhundert vergangen sei. Für tüchtige Leute wie Erwin Hoffmann sei es relativ einfach gewesen, mit tüchtigen Leuten von drüben bekannt zu werden. »Gleich zu gleich gesellt sich gern.«

»Und wo hatte dein Chef in Ostzeiten seine Tüchtigkeit beweisen können?«

»In irgendeinem Ministerium«, sagte Wilhelmine. »Trotz Behinderungen durch die Ideologie hat er dort dem Fortschritt dienen können. Von den tüchtigen Leuten im Westen wird das auch anerkannt. Es gibt, wie er immer sagt, eine Internationale der Macher, die sich überall nicht nur der Ideologen erwehren muss, sondern auch der Kritiker und Faulenzer, die den Fortschritt zwar mitgenießen, aber nur seine Schattenseiten sehen und darüber debattieren wollen, statt anzupacken. Bei der Wiedervereinigung haben sich glücklicherweise die Tüchtigen durchsetzen können, und nicht die nichtsnutzigen Querköpfe und Dissidenten, die sich selbst ins Abseits gedrängt hatten, wo sie dann nach der Wende auch geblieben sind.«

»Mag ja alles so sein«, sagte Leo, den Hoffmanns Vergangenheit interessierte, nicht aber seine Rechtfertigung. »Mir ist dabei aber unklar geblieben, wer oder was einen so tüchtigen Mann wie deinen Hoffmann in dieses Wittenhagener Abseits getrieben hat.

Hat er sich an der Landluft erholen wollen, oder büßt er hier Sünden ab?«

»Er ist Landwirt mit ganzer Seele. Der Agrarwissenschaft, die er studiert hat, ist er lebenslang treu geblieben, und er hat sie vorwärtsgebracht. Von ihm stammten die Pläne für die landwirtschaftliche Modernisierung des Ostens. Unsere großflächigen Äcker, die erst jetzt durch die starken Traktoren und spezialisierten Maschinen des geeinten Deutschland ihre wahren Triumphe feiern, sind in wesentlichen Teilen sein Werk. Statt Undank hätte er Orden verdient.«

»Er ist also nicht freiwillig hier?«

»Wie jedem, der Karriere gemacht hat, fehlen auch ihm nicht die Neider und Feinde, denen aus der Schusslinie zu gehen ratsam ist. Die Zeit aber heilt alle Wunden. Schon häufen sich die Angebote zum Wechsel in höhere Ränge, aber er wartet noch ab und entwirft Pläne, die auch mit der Unterbringung der Flüchtlinge zu tun haben. Seine Aktion Neue Heimat, abgekürzt ANH, die dieser Gegend auch neue Jobs schaffen wird, hat er schon fast unter Dach und Fach.«

»Sind es vielleicht auch Herzensangelegenheiten, die ihn hier in der Provinz halten?«, wollte Leo noch wissen, aber auf solche neckischen Töne ging Wilhelmine nicht ein. Sie sagte nur seufzend »Ach, Papa …« und deutete mit dem Griff nach dem Telefonhörer das Ende der Besuchszeit an.

11.

Gegen Ende des Monats, als die gelben Blüten der Winterlinge schon zum Verblühen neigten und die Feldwege wieder begehbar waren, wurde Hedwig von einem Brief ihrer Partei in Unruhe versetzt. Seit ihrem Umzug nach Wittenhagen hatten sich ihre Kontakte zu den Parteifreunden der Landeszentrale in Potsdam auf briefliche Einladungen, die sie nie wahrnahm, beschränkt. Gewählt hatte sie ihre Partei immer und pünktlich ihre Beiträge entrichtet, sonst aber nichts von sich hören lassen, weil ihr der auf Regierungsbeteiligung zielende Kurs nach wie vor nicht gefiel. Wenn Leo ihre Parteifreunde, die in anderen Bundesländern schon die Regierungsbänke erklommen hatten, »die wiedergekehrten Blockflöten« nannte, konnte sie ihn zwar als boshaften Geschichtsklitterer beschimpfen, Gegenargumente aber fielen ihr nicht gleich ein.

Der Brief, in dem nebenbei auch der Mangel an Mitgliedern und Wählern im Landkreis beklagt wurde, kündigte hauptsächlich eine Festveranstaltung an. Ein runder Geburtstag der Partei sollte gefeiert werden, und da man sich aus diesem Anlass mit der Parteigeschichte hatte beschäftigen müssen, war man auch auf die uralte Parteifreundin Leydenfrost gestoßen, die in der Gründergeneration unter dem Namen Hedy nicht ohne Einfluss gewesen war. Dass sie ihre Mitarbeit damals aufgekündigt hatte, als man sich zu einer vom Staat alimentierten Partei gemacht hatte, sollte des Jubiläums wegen vergessen sein.

Der ganz auf Ehrerbietung gestimmte Brief wollte sie (»im Rahmen des Ihnen noch Möglichen«) zur Mitwirkung an den Jubiläumsvorbereitungen auffordern und ihr rechtzeitig (»Save the date!«) den Termin der Festveranstaltung bekanntgeben, an der teilzunehmen, man sie (»im Interesse der noch vor uns liegenden großen Aufgaben«) dringend bat. Auch wollte man sie, wie ein Postskriptum besagte, über eine Friedhofsbegehung informieren, die im Rahmen der anstehenden Gebiets- und Verwaltungsreformen am kommenden Mittwoch in Wittenhagen geplant war. »Claudia Grünlich, unsere stellvertretende Fraktionsvorsitzende, wird der Kommission angehören. Wenn Sie als Ortskundige es möglich machen könnten, sie zu begleiten, würde es sie sehr erfreuen.«

Zu Hedwigs sich ständig verstärkenden Alterserscheinungen gehörte, dass sie vor jeder Anforderung, die an sie gestellt wurde, in unangemessener Weise erschrak. Sie, die früher so Unerschrockene, die sich der schwersten Aufgabe gewachsen gefühlt hatte, wurde bei jeder Lappalie, die das Gleichmaß ihres Lebens störte, in helle Aufregung versetzt. Auch der Brief aus Potsdam beunruhigte sie dermaßen, dass sie ohne Vorankündigung ihren Bruder im Parterre aufsuchte, was den Regeln ihres Zusammenlebens widersprach. Da das Jubiläum erst im Sommer stattfinden sollte, war es besonders der Nachtrag, der sie besorgt machte. Im Sommer, meinte sie, hoffe sie wieder besser auf den Beinen zu sein.

»Beim Stichwort Friedhof an die neunzigjährige Veteranin zu denken ist so naheliegend wie zynisch«, sagte Leo, nachdem er den Brief gelesen hatte. »Anscheinend setzt man bei Leuten deines Alters ein besonderes Interesse an Friedhöfen voraus.«

Hedwig aber hatte dieses spezielle Interesse ihrem Bruder überlassen, und da sie sich für sogenannte Begehungen, die lange zu dauern pflegten, nicht fähig fühlte und auch nicht die Absicht hatte, sich den Verwaltungsreformern als behinderte Oma zu präsentieren, bat sie ihren friedhofskundigen Bruder um Stellvertretung, und dieser, den das Wort Reform schon mit bösen Ahnungen erfüllte, stimmte gern zu.

»Reform«, meinte er, während er in seinem Katalog unter dem Stichwort Sepulkralkultur schon nach einschlägiger Sachliteratur suchte, »bedeutet heutzutage immer Rationalisierung, bei der meist Altbewährtes auf der Strecke bleibt.«

Der Friedhof, den man nach 1945 vom Dorfanger an den Waldrand verlegt hatte, war auf einer ein Kilometer langen Schotterstraße erreichbar, dem sogenannten Totenweg. Da dessen Belag dringend der Erneuerung bedurfte, reihte sich an diesem verregneten Mittwoch ein wassergefülltes Schlagloch ans andere, so dass die zwei Autos, in denen die Kommission anreiste, im Schritttempo fahren mussten und der Fußgänger Leo, der unvorsichtigerweise auf Gummistiefel verzichtet hatte, nasse Füße bekam.

Die zwei Männer in Anzug und Krawatte, die Leo von einem der Kreisämter her flüchtig kannte, begrüßten ihn wie alte Freunde und stellten ihn der aus Potsdam entsandten Frau Grünlich vor. Leos Vorschlag, die Besichtigung kurzzuhalten, stieß des anhaltenden Nieselregens wegen auf Zustimmung. Besonders Frau Grünlich, die als Städterin nicht an wetterfeste Bekleidung gedacht hatte, war sehr dafür.

Für Leo war der Friedhof von Wittenhagen der hässlichste der ganzen Gegend, im Dorf aber schätzte man ihn, weil er so sauber, ordentlich, übersichtlich und praktisch war. Um das Wild fernzuhalten, war er mit einem Maschendrahtzaun umgeben worden, nur das Tor hatte gemauerte Pfeiler, auf die ein primitives Kreuz aus Mauersteinen gesetzt worden war. Der Hauptweg, der zur barackenähnlichen Leichenhalle führte, war in Beton gegossen, und auch die gleichbleibend rechteckigen Gräberfelder, die alle rechts des Hauptweges lagen, waren mit Beton markiert. Die gräberlose, sauber gemähte Rasenfläche, die sich links des Weges erstreckte, war durch den Einwohnerschwund zu erklären, dem das Dorf seit den Nachkriegsjahren ständig ausgesetzt war. Was die Anlage aber besonders trostlos machte, war das Fehlen von Bäumen und Büschen, deren Anpflanzung die praktischen Wittenhagener Bürgermeister verboten hatten, weil das Herbstlaub zusätzliche Arbeit erforderte und das Wurzelwerk beim Auswerfen der Gräber, das vor der Wende von Männern des Dorfes bewältigt werden musste, hinderlich war.

Hier begraben zu werden war, nach Leos Meinung, höchst unerfreulich, er zumindest zog alte Dorffriedhöfe, die ihren angestammten Platz an der Kirche hatten behaupten können, für seine letzte Ruhe bei weitem vor. Sein Buch mit dem Titel »Der Dorffriedhof als historisches Zeugnis«, für das er jahrelang Fachliteratur, Fotos, Grabsprüche und sogar ausgemusterte Grabsteine gesammelt hatte, war nach vielversprechenden Anfängen nie fertig geworden, wie es ihm auch mit ähnlichen Vorhaben ergangen war. Sein reichhaltiges Wissen über Begräbnisrituale und dergleichen, das nach Ausdruck drängte, hätte ihn bei der Begehung zu einem Stegreifvortrag verführen können, wenn die Kommission es zu schätzen gewusst hätte, leider aber hatte sie dafür weder Interesse noch Zeit.

Ihr nämlich ging es, wie Leo geahnt hatte, nicht um Kultur, sondern um Kostenersparnis, die sich am besten durch Zentralisierung auch des Bestattungswesens erreichen ließ. Den Luxus von Dorffriedhöfen könne man sich bald nicht mehr leisten, ließ einer der Schlipsträger verlauten, doch seien Zentralfriedhöfe noch Zukunftsmusik. Jetzt gehe es nur um die Erfassung statistischer Daten, mit denen dann die Notwendigkeit der unpopulären Maßnahme zu begründen sei. Da man von Leo erfahren konnte, dass es in den letzten fünf Jahren nur zwölf Todesfälle gegeben hatte, fiel der Verzicht auf eine Begehung im Regen leicht. Unter dem Vordach der Leichenhalle stehend, ließ man sich noch einige Minuten von Leos Klagen über die schon abhandengekommenen Tante-Emma-Läden und Dorfkneipen aufhalten, machte zu seinen Ermahnungen, doch den kulturellen und mentalen Schaden von Rationalisierungsmaßnahmen zu bedenken, nachdenkliche Gesichter, wusste darauf aber nur zu sagen, dass man es eilig hatte und fror.

Nur Frau Grünlich, die im eignen Auto unterwegs war, hielt es, nachdem Leo ihr Grüße von Hedwig bestellt hatte, trotz Kälte und Nässe noch ein Weilchen unter dem Vordach aus. Die ansehnliche Vierzigjährige, deren Kleidung von Geschmack und Stilsicherheit zeugte, war mit den beiden ländlichen Amtsträgern offensichtlich nicht warm geworden, Leo aber glaubte, gut mir ihr auskommen zu können, ja, bei der Begrüßung hatte er sogar denken müssen: »In diese Frau hätte ich mich früher vielleicht verliebt.«

Das dauerte aber nicht länger als eine Sekunde, dann erkaltete seine Begeisterung wieder, weil das Begrüßungslächeln der schönen Frau eingeübt wirkte und ihre Redeweise die strenge Schulung in politischer Korrektheit verriet. Die Bauern und Bäuerinnen, Wähler und Wählerinnen kamen ihr genauso routiniert über die Lippen wie die Begriffe Ausgrenzung oder Zivilgesellschaft oder die als oberste Priorität zu fordernde Weltoffenheit.

Leos Hoffnung, in Frau Grünlich noch einmal eine schöne Frau selbstlos verehren zu können, wurde also durch ihre Redeweise sofort zunichtegemacht. Da sie dann auch noch seinen Versuch, durch Hinweis auf ihre geschmackvolle, momentan aber unzweckmäßige Kleidung ein etwas privateres Gespräch einzuleiten, ignorierte und ihn über das Übel der auf dem Lande besonders ausgeprägten Fremdenfeindschaft zu belehren versuchte, war es mit seiner Begeisterung für sie endgültig vorbei.

Als er ihr dann entgegnete, dass er das Misstrauen gegen Fremde für einen durch Erfahrung entstandenen allgemeinmenschlichen Zug halte, der sich vielleicht bei Landleuten, die gewohnt seien, jeden Ortsansässigen zu kennen, nur besonders stark auspräge, witterte Frau Grünlich offensichtlich einen Rassisten in ihm. Als er dann auch noch den Dorffriedhof, den man wegrationalisieren wolle, als ein Stück Heimat mit erhaltenswerten kulturellen Traditionen bezeichnete, fühlte sie sich verpflichtet, dem alten Herrn klarzumachen, was heutzutage unter Kultur und Heimat zu verstehen sei. Heimat sei an demokratische Verhältnisse, nicht aber an Örtlichkeiten gebunden, und von Kultur könne man nur reden, wenn auch die Willkommenskultur in ihr enthalten sei.

Leo, der in seinem langen Leben schon schlimmere Begriffsumdeutungen zu politischen Zwecken hatte ertragen müssen, war mehr als mit diesen Problemen mit der Frage beschäftigt, warum sein Versuch, sich der schönen Frau etwas geneigt zu machen, so kläglich gescheitert war. Schuld daran war, wie er sich resigniert sagen musste, in erster Linie sein hohes Alter, das ihm, wollte er sich nicht lächerlich machen, weitere Annäherungsversuche verbot. Dass Frau Grünlich ihn als Mann nicht mehr ernst nehmen konnte, war offensichtlich. Zwar ging sie nicht so weit, ihn Opa zu nennen, sprach mit ihm aber wie mit einem schwerhörigen Alten, der geistig noch im Vorgestern beheimatet ist.

Erst als ihre Belehrungen mit der Bitte, Hedy zur Teilnahme an der Jubiläumsfeier zu drängen, ein Ende fanden, konnte er Frau Grünlich zum Friedhofsausgang geleiten, wo sie zur Bestätigung ihrer Predigt über die hier fehlende Fremdenliebe auf die primitiv gemauerten Kreuze an der Eingangspforte deutete und ihrem verdutzten Gesprächspartner erklärte, dass dergleichen von einem kommunalen Friedhof künftig zu verschwinden habe, denn es grenze Mitbürgerinnen und Mitbürger muslimischen Glaubens aus.

Solche gebe es gar nicht in Wittenhagen, konnte Leo der schon im Auto Sitzenden noch sagen, ihre Antwort aber nicht mehr verstehen. Wie er vermutete, hatte sie »Das wird sich bald ändern!« gesagt.

12.

Seinen Ärger über Frau Grünlich bei der Schwester abzuladen war für Leo naheliegend, denn sie hatte ihn doch zu dieser Verkörperung politischer Korrektheit entsandt. Gewürzt mit Anspielungen auf Parteifunktionärinnen sozialistischer Zeiten, hatte er seine Klagen unter Ausklammerung seiner nicht zustande gekommenen Annäherungsversuche auf dem Heimweg schon vorformuliert. Als er dann aber nach dem Wechseln der nassen Strümpfe und der telefonischen Anmeldung die Treppe schwer atmend bewältigt hatte und nach dem Anklopfen Hedwigs »Immer herein!« hörte, spürte er schon an der kraftlosen Stimme der Schwester, dass der Spott, mit dem er die Friedhofsbegehung hatte schildern wollen, momentan unpassend war.

Statt ihrem Bruder, wie sonst bei seinen seltenen Besuchen üblich, ein Getränk anzubieten oder ihn, wie er es heute erwartet hatte, neugierig nach seiner Begegnung mit Frau Grünlich zu fragen, begnügte sich Hedwig mit einem kaum vernehmbaren Gruß. Er war es gewohnt, sie lesend oder schreibend am

Schreibtisch oder am Ofen zu finden, jetzt aber saß sie im Dämmerlicht des trüben Tages müßig am Fenster und deutete, ohne sich zu erheben, nach draußen, wo starke Regengüsse das Nieseln abgelöst hatten, so dass die schon lückenhafte Schneefläche der Äcker kaum noch erkennbar war.

»Ein Tag, um trübsinnig zu werden«, sagte sie leise, indem sie ihr schmales, von einigen Altersflecken nur wenig entstelltes Gesicht ihrem Bruder zuwandte. »Noch nie habe ich mich so sehr nach dem Frühling gesehnt.«

Dass sie ihm ihren Gemütszustand unverstellt zeigte, war für Leo so ungewöhnlich, dass er dachte, sie sei erkrankt. Sowohl in der Kindheit als auch in den vielen Jahren ihres Zusammenlebens im Alter hatte sie sich ihm immer nur selbstsicher und verschlossen gezeigt. Gefühle zu äußern war zwischen den Geschwistern so wenig üblich gewesen, wie über Liebesgeschichten oder gar übers Sterben zu reden, weil Hedwig jedem Gespräch, das Intimes berührte, aus dem Wege gegangen war. Als Liebende hatte Leo sie sich nie vorstellen können, immer war sie für ihn nur die große Schwester gewesen, nie eine begehrte und begehrende Frau. Wäre er dazu fähig gewesen, sich nicht als kleiner Bruder zu fühlen, hätte er an der mageren Gestalt, den markanten Gesichtszügen und dem Haar von erstaunlicher Fülle noch heute Spuren der einst schönen, starken und sinnlichen Frau entdeckt.

Dass sie auf sein frohgemutes Zitieren von Uhlands »Nun muss sich alles, alles wenden!« mit einem »Wer weiß, ob auch noch für mich?« antwortete, erschreckte ihn sehr. Er war sogar versucht, ihre Haare zu streicheln, gab aber dieser ungewöhnlichen Regung nicht nach.

»Es ist nur das Grau-in-Grau dieser Tage, das mich so mutlos macht«, sagte sie, als müsse sie sich dafür entschuldigen, und fand dabei in ihre straffe Haltung, die sie sich auch sitzend stets einzuhalten bemühte, zurück. »Sentimentalitäten habe ich so gut wie immer im Zaum halten können, an Tagen wie diesem aber werden die Zügel schlaff. Über die Kürze des Lebens könnte ich immerfort heulen, noch mehr aber darüber, dass es von mir vergeudet worden ist.«

In die Rolle des Trösters seiner großen Schwester gedrängt zu werden, empfand Leo als unstatthafte Zumutung, spürte aber auch eine Rührung in sich aufsteigen, für die er keine Worte hatte und deshalb sagte: »Lass doch dieses unsinnige Gerede. Im Gegensatz zu mir hast du doch alles, was du dir vornahmst, erreicht.«

»Mich selbst aber habe ich dabei verloren«, sagte Hedwig nun wieder mit fester Stimme und eröffnete damit eine Art Beichte, die Leo einerseits als Vertrauensbeweis freute, andrerseits aber auch peinlich berührte, weil ihm die Preisgabe von Selbstzweifeln zu ihr nicht zu passen schien. Sich Stimmungen hinzugeben war immer seine Sache gewesen, die ihre war es, lächelnd oder auch verärgert über diese erhaben zu sein.

Jetzt aber musste er von ihr hören, dass der Mut zu großen Entscheidungen, den er, der Entscheidungsschwache, an ihr immer bewundert hatte, von ihr angeblich mit Selbstentfremdung teuer bezahlt worden war. In der rebellischen Phase ihres Lebens hatte sie sich aus Scham darüber, in jungen Jahren dem Führer gehuldigt zu haben, der Studentenbewegung angeschlossen, die alles, was sie an die Verfehlung ihrer Kindheit erinnern konnte, beseitigt wissen wollte, bei den Autoritäten der Familie, der Schule und Universitäten angefangen bis hin zur Ordnung von Gesellschaft und Staat. Der Dynamik dieser Gruppierung folgend, hatte sie eignes Fühlen und Wollen verkümmern lassen und war blindlings den verworrenen Utopien eloquenter Wirrköpfe gefolgt. Dem angeblichen Glück einer totalen Freizügigkeit auch im Sexuellen hatte sie die große Liebe ihres Lebens aufgeopfert und die Kinder, die sie vielleicht hätten glücklich machen können, im Interesse politischer Anforderungen abgetrieben; nichts hatte sie später mehr als diese Leugnung des Mütterlichen in ihr bereut. Selbst die besten Entscheidungen ihres Lebens, die nämlich, sich der Heilung kranker Kinder zu widmen und die elternlose Fatima bei sich aufzunehmen, hatten die frühen Verfehlungen nicht wiedergutmachen können. Dem Ruhm, als emanzipiert zu gelten, hatte sie ihr Frausein geopfert und erst im Alter die angebliche Befreiung als Selbstentfremdung erkannt. Zeitweilig hatte sie das vergessen können, aber an grauen Tagen wie diesem kehrten alle diese Fehlentscheidungen als Gespenster der Vergangenheit wieder zurück.

Leo war als Beichtvater, Psychiater oder Seelentröster ungeeignet, weil er gern fröhliche Gesichter um sich hatte und ihm alles Miesepetrige, wie er es nannte, zuwider war. Den Vertrauensbeweis der Schwester fand er zwar rührend, sah in ihm aber auch eine Regelverletzung, denn das gegenseitige Trösten war im Zusammenleben der Geschwister nicht vorgesehen. Statt ihr seine wahre Meinung über ihre Vergangenheit zu sagen, musste er jetzt Verständnis zeigen, denn verletzen wollte er sie nicht.

Ihm war nämlich diese vielgerühmte Studentenbewegung immer suspekt gewesen, weil sie, abstrusen sozialistischen Utopien folgend, gegen die freiheitliche Ordnung rebelliert hatte, die von ihm, im Osten sitzend, heiß ersehnt worden war. Was die kollektivberauschten Schreihälse da drüben verlangten, war doch das, was ihn bedrückte, und seine Schwester hatte dabei zu den lautesten Krakeelern gehört. Sie war ihm damals völlig fremd geworden, und da er die schleichende Beschneidung der Meinungsfreiheit, die er im neuen Jahrhundert zu bemerken glaubte, zu den bösen Folgeerscheinungen der damaligen Rebellion erklärte, war er auch der altgewordenen Schwester im Stillen noch gram. Sein Ärger über Hedwigs Treue zu den längst zu Staatsfunktionären gewordenen Parteifreunden war der Harmonie des Hauses wegen von ihm immer unterdrückt worden, und selbstverständlich ließ er ihn auch heute nicht laut werden, sondern versuchte, Mitleid in seine Stimme zu legen, als er auf Hedwigs ungewöhnliche Erläuterung ihres Gemütszustandes mit den Worten reagierte: »Ich will doch hoffen, dass du mit deinen Selbstanklagen maßlos übertrieben hast!«

»Das ist durchaus möglich«, sagte Hedwig in ihrer nun wieder normalen Stimmlage, erhob sich mühsam wie immer aus ihrem Sessel und deutete zu Leos Erleichterung durch Betätigung des Lichtschalters das Ende dieser ungewöhnlichen Dämmerstunde an. Ohne sich ihre Enttäuschung über die missglückte Verständigung anmerken zu lassen, konnte sie ihren Gast nach seinem Getränkewunsch fragen, sich nach Frau Grünlich erkundigen und sich sogar ein Lächeln abringen, als Leo ihr seine zur Anekdote geronnene Friedhofsbegegnung zum Besten gab.

Beim Abschied war Leo erleichtert darüber, die Schwester wieder in ihrem Normalzustand zu wissen, sie aber zum ersten Mal als Mitleidsbedürftige erlebt zu haben machte ihn doch besorgt.

Fatima, die ihm, von der Arbeit kommend, auf der Treppe begegnete, glaubte er mit den Worten, sie werde eine zu Tode betrübte Tante vorfinden, auf Hedwigs Stimmungstief vorbereiten zu müssen, und als Fatima, die literarische Anspielung aufgreifend, ihm entgegnete, eine himmelhoch jauchzende Hedwig an diesem trüben Tage auch nicht erwartet zu haben, musste Leo wieder einmal feststellen, dass jede Begegnung mit ihr ihn einerseits fröhlich stimmte, ihn andererseits aber auch traurig machte, weil seine Töchter nicht geraten waren wie sie.

13.

Leos Töchter waren zwar unter Büchern aufgewachsen, hatten aber in den Lesefreuden von Vater und Mutter nur eine lebensfremde Marotte gesehen. Wie in fast allen Fächern waren beide auch im Deutschunterricht Klassenbeste gewesen, ihre außerschulischen Interessen hatten aber den neuesten Haar- und Kleidermoden gegolten, und nach der Schulzeit hatten sie kaum noch ein Buch angerührt. Rainer dagegen, der hellste Kopf der Geschwister, hatte zwar keinen Sinn für poetische Schönheit entwickelt, wollte sie jedoch gelten lassen, wenn sie als Waffe im Klassenkampf dienlich war. Mit ihm hatte Leo immerhin streiten können, vor der trivialen Ungeistigkeit der erwachsenen Töchter aber war er schließlich verstummt. Mit ihnen zu reden war oft so quälend, dass er sie mehr liebte, wenn sie fern von ihm waren und er sie sich als Kinder vorstellen konnte, bei deren Anblick ihm immer das Herz aufgegangen war.

Mit Fatima dagegen hatte er immer viel zu bereden. Ihr konnte er sich offenherzig geben, weil er sich von ihr verstanden fühlte. Die leichte Trauer über das baldige Lebensende, die sich als Grundzug seines Gemüts neuerdings eingestellt hatte, verschwand in ihrer Gegenwart. In Gesprächen mit ihr wurde er wieder jung.

Sein Bedürfnis zu lieben und zu verehren, das sich ein halbes Jahrhundert lang auf seine Frau gerichtet hatte, war nach ihrem Tode zum Brachliegen verurteilt gewesen, bis Fatima zu einem verehrungswürdigen Wesen herangewachsen war. Trotz schlechten Gewissens seinen Kindern gegenüber war sie für ihn zum liebsten aller Menschen geworden, folglich zum schönsten auch. Die oft in ihm aufkommende Frage, warum seine Töchter nicht so prächtig wie sie geraten waren, hatte er sich mit den besseren Erzieherqualitäten Hedwigs erklärt. Vielleicht, so musste er häufig denken, wäre er den Kindern ein besserer Vater gewesen, hätte er deren Mutter nicht zu sehr geliebt.

Obwohl Hedwigs Erziehung es darauf nicht angelegt hatte, war in ihrer Pflegetochter schon früh die Liebe zu Sprache und Dichtung erwacht. Um ihr das Erlernen des Deutschen vergnüglich zu machen, hatte Hedwig sie Abzählreime und alte Kinderlieder lernen lassen und ihr, als sie daran Freude zeigte, Sammlungen von Kindergedichten geschenkt. Verse wie »Gefroren hat es heuer …«, »Bei einem Wirte wundermild …« oder »Wie war in Köln es doch vordem …« konnte die gelehrige Schülerin bald auswendig hersagen, und noch als Dreißigjährige deklamierte sie auf Leos Bitte nicht nur die »Heinzelmännchen«, sondern auch den »Herrn von Ribbeck auf Ribbeck« und sogar den »Zauberlehrling« fast fehlerfrei.

Leo, der sich ebenfalls in jungen Jahren sprachliche Kostbarkeiten für künftige Notzeiten, wie Militär oder Gefängnis, im Kopfe aufbewahrt hatte, wurde durch Fatima zur Auffrischung und Erweiterung dieses Vorrats angeregt. Bald hatte er sein Repertoire um das ihre erweitert, so dass, wenn Fatima Zeit und gute Laune hatte, ein gegenseitiges Abhören der Verse der »Frommen Helene«, des »Palmström« oder des »Osterspaziergangs« möglich war. Zeilen, die dem einen entfallen waren, konnte der andere triumphierend ergänzen, und wenn beide nicht weiterwussten, schlug man mit nicht geringerer Freude in Leos einschlägigen Buchbeständen sofort nach. Für ihn waren das Sternstunden, viel zu seltene leider, die lange in ihm nachklangen, wenn Fatima sich wochenlang nicht bei ihm sehen ließ.

Als Kind war Fatima seiner Bücher wegen häufiger als später bei ihm im Parterre gewesen, und er hatte sich als ihr sensibler Berater gezeigt. Seinen vorsichtigen Hinweisen folgend, hatte die Heranwachsende in Mörikes und Lenaus Gedichten eigne Gefühle entdecken können, und an Storms Novellen war ihre Liebe zur Prosa erwacht. Obwohl sie sich später mehr auf moderne Romane verlegte, war ihr die gebundene Sprache nach wie vor lieb. Vor allem waren es gereimte Gedichte, die sie immer wieder zu

Tränen rühren konnten, weil ihr mit ihnen einst das Deutschlernen zum Vergnügen geworden war.

Leos Freude an der Bücherbeschaffung war durch Fatimas Leselust noch gesteigert worden, ihretwegen wurden seine Buchbestände vor allem um Lyrikbände und Balladen-Sammlungen vermehrt. Da die Regale keinen Platz mehr boten, schmückten Bücherstapel bald auch Fensterbretter und Küchenmöbel. Wilhelmine beschwerte sich oft über die Unordnung, ohne zu ahnen, dass sie dadurch dem Gram ihres Vaters über das literarische Desinteresse seiner Kinder neue Nahrung gab.

An jenem Mittwoch, als er von Hedwig kommend Fatima auf der Treppe getroffen hatte, war die Missstimmung, in die ihn sein Versagen als Tröster der Schwester versetzt hatte, wie weggewischt. Allein ihr Anblick war ihm erfreulich, denn ihre Schönheit war nicht, wie der dumme Herr Müller gemeint hatte, mit den Jahren vergangen, sondern erst mit ihnen richtig erblüht. Vielleicht aber war auch Leo erst mit den Jahren fähig geworden, ihre Schönheit richtig zu würdigen. »Sie rein zu empfinden«, dachte er, »ist wohl nur im Alter möglich, weil ihm die Trübung des Begehrens fehlt.«

Während er sich noch die Frage stellte, ob er mit dieser Weisheit nicht vielleicht nur versuchte, den Verlust in Gewinn umzumünzen, wurde er durch Fatimas Frage, ob er eine Frau Schmalfuß kenne, in Unruhe versetzt. Diese war nämlich im Kulturamt erschienen und hatte, da ihr die Telefonnummern fehlten, für den nächsten Tag ihren Besuch bei den alten Leydenfrosts angekündigt, vorausgesetzt, der Zeitpunkt sei genehm.

Leos erster Gedanke war, den Überfall telefonisch abzusagen. Da ihm aber Telefongespräche seit jeher zuwider waren, schob er die Entscheidung darüber noch auf.

Telefone, mit denen umzugehen er im Bibliotheksdienst gelernt hatte, waren ihm in privaten Bereichen, wo jeder Dummkopf ihn jederzeit aus der besten Lektüre reißen konnte, immer ein Gräuel gewesen, ihr widerliches Klingeln oder Schnarren war ihm jederzeit unerwünscht. Nachrichten, auch wichtige, nahm er möglichst kommentarlos entgegen, und auch den Dank für diese hielt er kurz. Da er Skrupel hatte, andere Leute bei der Arbeit zu stören oder gar aus dem Schlaf zu reißen, betätigte er die verhasste Apparatur nur in Notfällen, und jeden Versuch, ihn in telefonische Gespräche zu verwickeln, brach er unhöflich ab. Dauertelefonierer waren in seinen Augen Kranke, die an erhöhtem Mitteilungsbedürfnis litten, das anscheinend unheilbar war. Ihretwegen war das Mobiltelefon erfunden worden, diese subtile Form von Freiheitsberaubung und Überwachung, der sich die an Schwatzsucht erkrankte Masse freiwillig unterwarf. Die Sucht, sich auf der Straße oder in Bahnen und Bussen fernmündlich mitteilen zu müssen, hatte auch das Diskretionsbedürfnis schwinden lassen. Stolz darauf, das neueste Modell des handlichen Apparats am Ohr halten zu können, teilte man sowohl die üblichen Banalitäten als auch Ehekräche und Liebeserklärungen ungeniert den Umstehenden mit.

Leos Abneigung gegen das Telefonieren ließ ihn den Anruf bei Grit Schmalfuß lange aufschieben und schließlich so gründlich vergessen, dass ihm die Journalistin erst wieder einfiel, als sie am nächsten Nachmittag mit einem fröhlichen »Hallo!« auf den Lippen in der Haustür stand.

14.

Das kumpelhafte »Hallo«, das sich zu Leos Ärger immer mehr eingebürgert hatte, galt ihm als weiteres Beispiel für die grassierende Gleichmacherei. Statt sich einen guten Morgen, Tag oder Abend zu wünschen, zog man diese nichtssagende Floskel einer Differenzierung vor. Leo, der in diesem Gruß immer auch eine Missachtung des Begrüßten zu spüren meinte, beantwortete sie immer mit einer traditionellen Begrüßung, der er eine lehrhafte Betonung gab. Erfolg aber hatte er mit dieser pädagogischen Maßnahme nie.

Auch diesmal hatte sein besonders deutlich ausgesprochenes »Guten Abend!« nur ein weiteres »Hallo!« zur Folge, das aus dem Munde eines Begleiters der Journalistin kam. Der junge Mann, der seine schulterlangen Haare mit einem Band im Nacken gebündelt hatte, war nicht, wie Leo anfangs vermutete, Fahrer oder Angestellter der Dame, sondern, wie ihm mitgeteilt wurde, ein »location scout«. Frau Schmalfuß, die freudig berichtete, dass sie auch die Kollegen vom hiesigen Fernsehen für ihr geplantes Interview hatte gewinnen können, war offensichtlich stolz darauf, den fremdsprachigen Fachbegriff geläufig benutzen und auch erklären zu können, als Bezeichnung für einen Kundschafter nämlich, der den geplanten Drehort auf Fernsehtauglichkeit überprüft.

Der Jüngling, dessen Gesicht der neusten Männermode entsprechend durch unregelmäßig gewachsene Bartstoppeln verunziert wurde, drängte sich, ohne eine Aufforderung abzuwarten, an Leo vorbei in Flur und Küche und zeigte sich nach kurzer Besichtigung von Walters Kammer und Wilhelmines Zimmer von den Räumlichkeiten enttäuscht. Während er in Leos Zimmer die Lichtschalter betätigte und hinter den Regalen nach Steckdosen suchte, erklärte er diesen Raum als einzig in Frage kommende »location«, vorausgesetzt, man schiebe den Schreibtisch näher ans Fenster, verändere die Standorte der Regale und schaffe die störenden Bücherstapel hinaus.

Ehe sich Leo zu diesem Überfall äußern konnte, hatte Frau Schmalfuß seiner Empörung schon beigepflichtet: Auch sie fand, wie sie sagte, das Gebaren des Kundschafters ungehörig und deutete es als Folgeerscheinung der sozialistischen Diktatur. Die Unerzogenheit der hiesigen Jugend habe sie auch bei den Handwerkern feststellen müssen, mit denen sie der vielen Baumängel des neuen Hauses wegen noch immer geschlagen sei.

Wie sie weiter erklärte, sei sie nicht seinetwegen, sondern um die Frau Doktor zu sprechen, auf einen Sprung vorbeigekommen. Sie habe es nämlich für nötig erachtet, die legendäre Hedy vor dem geplanten Fernsehgespräch persönlich kennenzulernen. Die Freude, mit ihrem Bruder bekannt zu werden, habe sie ja im Frisiersalon schon gehabt.

Leos Unfähigkeit zum schnellen Reagieren, die sich im Alter verschlimmert hatte, ließ Äußerungen des Ärgers über die Störung nicht gleich zu. Nachdem er mit grimmiger Miene dem Fernsehburschen das Besteigen der Treppe verwehrt hatte und dieser sich mit »Tschüss, wir sehen uns!« verabschiedet hatte, geleitete er die noch immer im Flur stehende Journalistin durch die Küche in sein Wohn-, Arbeits- und Bibliothekszimmer, bei dessen Einrichtung an Besucher nicht gedacht worden war. Die zwei Stühle, die Leo beim Einzug in die Villa mit den Kieferholzregalen zusammen erstanden hatte, waren belegt mit Katalogkästen, so dass Frau Schmalfuß mit dem Schreibtischsessel vorliebnehmen musste und Leo sich auf einen Bücherstapel zu setzen versuchte, dabei aber das Gleichgewicht verlor. Hätte Frau Schmalfuß sich nicht flink aus dem Sessel erhoben, um ihn wieder aufzurichten, wäre er ihr vor die Füße gestürzt.

Sein Protest war nur schwach, als sie ihn am Arm packte, in die Küche zurückführte, auf einen Stuhl setzte und ihn, als sei sie hier Hausfrau, fragte, ob sie einen Kaffee bereiten solle oder ihm Kräutertee lieber sei.

Leos Schreck über den Sturz, der seine alten Knochen hätte beschädigen können, war schnell überwunden, nicht aber die Scham über seine greisenhafte Hilflosigkeit. Statt sich der jungen Frau als Mann zu erweisen, hatte er ihr Samariterdienste zu leisten ermöglicht, die ihn verpflichteten, ihr dankbar zu sein.

Ihren Wunsch, Frau Doktor Leydenfrost zu sprechen, konnte er ihr aber trotzdem nicht erfüllen, denn von Hedwigs anhaltendem Stimmungstief hatte er sich kürzlich überzeugt. Er behauptete also, sie sei krank.

»Ich hoffe, es ist nichts Ernstes«, sagte Frau Schmalfuß wohlerzogen, machte aber keine Anstalten, sich zu entfernen, sondern bat ihn, ihr noch fünf Minuten zu gönnen, ihrer Arbeit wegen habe sie noch einige Fragen an ihn. Dabei entledigte sie sich ihrer Pelzjacke und nahm am Küchentisch Platz.

Leo, der sie schnell wieder loswerden wollte, konnte bald merken, dass ihre angeblichen Fragen eigentlich Klagen waren und seine Aufgabe nur im Zuhören bestand. Sein merkbarer Mangel an Mitteilungsbedürfnis hatte in ihr wohl den Eindruck entstehen lassen, dass er, dieser maulfaule Alte, ein guter Zuhörer war.

Die Klagen, die sie bei ihm loswerden wollte, betrafen ihre Arbeit, die sie selbstverständlich ihren Job nannte, also ihr Buch. Dessen Hauptschwierigkeit hatte bisher in der Verstockheit der Ost-Seelen bestanden, jetzt aber war als weitere Hemmung hinzugekommen, dass das Interesse an ihrer Wiedervereinigungstheorie im Schwinden war. In Redaktionen war ihr schon mehrfach bedeutet worden, dass ihr Thema, auf dem sie in Verkennung der Lage noch immer beharre, Schnee von gestern sei. Man hatte ihr zu verstehen gegeben, dass sie sich, um up to date bleiben zu können, zur Flüchtlingskrise Neues einfallen lassen müsse, am besten natürlich den Nachweis, dass es eine solche nicht gebe und nie gegeben hat. Vielleicht finde sie, so wurde ihr vorgeschlagen, in ihren östlichen Gefilden ein paar brauchbare Geschichten, die man als Musterbeispiele der Willkommenskultur verkaufen könne. In diesem Zusammenhang sei auch der Name Erwin Hoffmann gefallen, bei dem eine derartige Story vielleicht zu holen sei.

Leo, dessen gespielte Anteilnahme sich rasch in eine wahre gewandelt hatte, wurde bei Nennung dieses Namens ganz Ohr.

»Hoffmann?«, fragte er, den Redefluss seines Gastes unterbrechend. »Erwin Hoffmann aus Wittenhagen? Unser Landwirtschaftsexperte? Der hat doch sicher nicht mehr als unsereiner mit der Asylantenfrage zu tun!«

»Wie es scheint doch!«, sagte Frau Schmalfuß, die Leos erhöhtes Interesse freudig stimmte. »Ihn selbst habe ich bisher noch nicht erreichen können, aber viel Vorteilhaftes über ihn gehört. Nicht nur im Kreis, auch bei den Landesbehörden scheint man ihn für größere Aufgaben vorgesehen zu haben, und zwar nicht nur im Agrar-, sondern auch im Asylbereich. Welche das sind, hoffte ich von Ihnen erfahren zu können, denn wie ich hörte, haben Sie doch durch Ihre Tochter einen Draht zu ihm.«

Da Leo nicht die Absicht hatte, die Journalistin und mit ihr die Öffentlichkeit mit seinem gestörten Verhältnis zu Wilhelmine bekannt zu machen, überhörte er die letzte Bemerkung und erhob sich, so dass auch Frau Schmalfuß sich ihrer Pelzjacke bemächtigte und sich endlich zum Gehen entschloss.

15.

Alles Gedachte und Erlebte mit Maria zu erörtern war für Leo zu ihren Lebzeiten selbstverständlich gewesen, und auch nach ihrem Tode hatte er diese Zwiesprache in Gedanken lange noch fortgesetzt. Als er dann aber nach einigen Jahren das Verblassen dieser inneren Verbundenheit hatte feststellen müssen, hatte er sich vorgenommen, am Gründonnerstag jeden Jahres den Spaziergang zu ihrem Grabe zu machen, am Seeufer entlang. An diesem Fußweg hatte sie sich nämlich im letzten Jahre ihres Lebens noch erfreuen können und sich an ihn auch noch erinnert, als sie letztmalig bei wachem Bewusstsein gewesen war. Da hatte sie dem an ihrem Bett sitzenden Leo mit kaum noch hörbarer Stimme von einem Traum berichtet, in dem sie an seiner Seite diesen Weg nach Kossow noch einmal gegangen war.

Kossow, das größte der an den See grenzenden Dörfer, war seiner guterhaltenen Dorfanlage wegen von Leo immer besonders geschätzt worden, und den dortigen Friedhof rings um die Kirche hatten sich beide Eheleute als letzte Ruhestätte erwählt. Obwohl die

Landstraße einen Umweg über drei Dörfer machte, war mit dem Auto schnell nach Kossow zu kommen, doch ließ es sich auch zu Fuß erreichen. Leo hatte dazu in jüngeren Jahren zwei Stunden benötigt, jetzt aber brauchte er dazu mehr als drei.

Der Gründonnerstag war von Leo und Maria schon früher als Gedenktag begangen (oft allerdings auch vergessen) worden, weil an einem solchen vor vielen Jahrzehnten die Erkenntnis des Zusammengehörens in beiden Herzen und Köpfen entstanden war. Nicht der Tag der staats- und kirchenamtlichen Eheschließung hatte den Ehegatten also Anlass zum Gedenken gegeben, sondern der des freudigen Erschreckens darüber, dem Menschen, für den man bestimmt war, begegnet zu sein.

Zugetragen hatte sich dieses glückhafte Erschrecken in den finsteren Jahren, als Ost-Berlin durch die Mauer eingeschlossen worden war. Der Lesesaal, den Leo am Nachmittag des Gründonnerstags zu beaufsichtigen hatte, war der kommenden Feiertage wegen nur mäßig besucht. Leo hätte ihn schon um siebzehn Uhr vorzeitig schließen können, wenn nicht in der hinteren Tischreihe noch eine über Bücher gebeugte junge Frau gesessen hätte, von der für Leo nur der blondbehaarte Schädel sichtbar war. Sie zum vorzeitigen Verlassen des Lesesaals aufzufordern wäre Leo zu pflichtvergessen erschienen, er musste also seinen Ärger unterdrücken und noch eine Stunde darauf hoffen, dass sich die Leserin nach einem Blick auf die Wanduhr selbst zum Aufbruch entschloss. Er hoffte aber vergeblich, denn die junge Dame war intensiv mit Lesen und Schreiben beschäftigt, und nie blickte sie auf.

Als die Wanduhr zwei Minuten vor 18 Uhr zeigte, blieb auch Leos Versuch, durch vernehmliches Räuspern Aufmerksamkeit zu erregen, vergeblich, und da er es für ungehörig hielt, die heilige Lesesaalstille durch laute Worte zu unterbrechen, erhob er sich von seinem Platz an der Stirnseite und steuerte in einem der seitlichen Durchgänge den Arbeitstisch der blonden Studentin an. Erst als er mit sanfter Stimme halblaut zu sagen wagte, dass er nun leider den Lesesaal schließen müsse, löste die Frau, von der er nie wieder loskommen sollte, den Blick von ihrer Lektüre (die übrigens, wie er noch an diesem Abend ausführlich hörte, vom Einfluss des Mesmerismus auf die romantische Bewegung handelte) und sah ihren künftigen Geliebten und Gatten zum ersten Mal an.

Beim dürftigen Abendessen im Presse-Café am Bahnhof Friedrichstraße konnte die Frage, ob das Grün des Gründonnerstags die Frische des Frühlings meine oder mit dem altdeutschen Greinen über die sich ankündigende Kreuzigung zu tun habe, so wenig entschieden werden wie die, ob der vom Mesmerismus beeinflusste Heinrich von Kleist ein Romantiker war. Über die Frage dagegen, ob man einen gemeinsamen Osterspaziergang in die Müggelberge unternehmen sollte, war man sich ohne Diskussion einig geworden, als man in einem Hinterhof der Auguststraße mit ausdauerndem Händedruck voneinander schied.

Unter den vielen Worten, die an diesem Abend gewechselt wurden, war das Wort Liebe nicht vorgekommen, beiden aber war bereits nach lebenslanger Bindung zumute gewesen, was dann zu Pfingsten bekräftigt wurde, als sich auch ihr körperliches Füreinanderbestimmtsein erwies.

Die darauf folgenden Ehejahrzehnte waren vorwiegend solche des Glücks gewesen, und die Kinder hatten bis zu ihrem Flüggewerden selbstverständlich dazugehört. Als die Jungen sich dann von den Eltern gelöst hatten, war das Glück anders, aber nicht geringer geworden und hatte auch noch für die letzten Jahre, in denen sich das gegenseitige Begehren in fürsorgliche Zärtlichkeit verwandelt hatte, ausgereicht. Zerstört hatte das Glück erst Marias Krankheit und Tod.

Das Alleinsein war für Leo anfangs bitter gewesen, dann aber hatte er die Trauer durch ihre Ritualisierung erfolgreich bekämpft. Auf seinen Gründonnerstagsausflügen zum Grab Marias war sein Gemüt bald nicht mehr von Trauer verdunkelt, vielmehr durch das Erinnern an glückliche Zeiten erhellt.

Den Erinnerungsweg nach Kossow hatte er viele Jahre ohne Schwierigkeiten bewältigen können, in diesem Jahr aber traute er sich seiner Kurzatmigkeit wegen zwar noch den Hinweg, nicht aber den Rückweg zu. Fatima, mit dem Auto von der Arbeit kommend, sollte den Umweg über Kossow machen und ihn nach Hause fahren. Wilhelmine hatte er nicht darum gebeten, weil sie sich zwar um die Pflege des Grabes ihrer Mutter kümmerte, für die väterliche Art des Trauerns aber ohne Verständnis war.

In diesem Jahr war der Gründonnerstag auf einen der letzten Märztage gefallen, der wenig frühlingshaft war. Am Morgen waren die Äcker mit Reif bedeckt gewesen, vormittags hatte es Regenschauer gegeben, um die Mittagszeit aber, als Leo sich auf den Weg machte, hatte der Wind die Wolkendecke aufgerissen, so dass ab und zu die Sonne zu sehen war.

Der beim Bau der Villa angelegte Weg, der von dieser unter Umgehung des Gutshofes zum Herrenhaus geführt hatte, war in den letzten Jahrzehnten, in denen er nicht mehr befahren und nur selten begangen wurde, zu einem Trampelpfad verkommen, der kaum noch erkennbar war. Die dazugehörigen Raine, auf denen zwischen Pflaumenbäumen, Brombeerbüschen und Hagebuttensträuchern Johanniskraut, Mohn und Wegwarte geblüht hatten, waren der Großfelderwirtschaft zum Opfer gefallen, man hatte sie weggepflügt. Mit ihnen waren auch die Rebhühner verschwunden, die Leo in Kindertagen durch Krächzen und Flügelschlagen erschreckt hatten, wenn er auf dem Wege zur Großmutter gewesen war. Schwester Hedwig dagegen hatte die Vögel mit Pfeil und Bogen zu jagen versucht.

Auf dem Ödland, wo einst das Haus seiner Familie gestanden hatte, wirkten die von Hedwig gepflanzten

Birken, die ihre Blattknospen noch nicht ganz zu öffnen wagten, wie von einem grünen Hauch übergossen, der Boden des verwilderten Parks aber war mit den weiß-rosa Blüten der Anemonen bedeckt. Wildwuchs hatte die ehemalige Rasenfläche zu einem Dickicht werden lassen, das man umgehen musste, um den alten, mit Feldsteinen befestigten Fahrweg erreichen zu können, der am Torfgraben entlang nach Klein-Wittenhagen führte, wo Leo auf seinen Spaziergängen mit der kranken Maria die erste Rast eingelegt hatte. Drei Findlinge, die man beim Pflastern der Dorfstraße gehoben hatte, luden hier zum Sitzen ein.

Maria hatte dieses Dörfchen, das den Zusatz »Klein« mit Berechtigung im Namen führte, als pittoresk und pseudo-mittelgebirgig bezeichnet, weil es in eine dem See vorgelagerte Hügellandschaft hineingebaut worden war. Die kleine Kirche, die den steilsten Hügel krönte, hatte sie an Uhlands »Droben stehet die Kapelle …« erinnert, und angesichts der verstreut liegenden Häuser, zwischen denen sich die Straße in scharfen Kurven hindurchwinden musste, hatte sie Leo, den Fachmann für mittelalterliche Siedlungsanlagen, ironischen Tons nach der wissenschaftlich richtigen Bezeichnung für diese regellose Dorfanlage gefragt.

Der Fahrweg zum See hinunter, an dem sich neuerdings ein Berliner Pferdeliebhaber angesiedelt hatte, war damals noch unbebaut gewesen, an seinem Rande, wo jetzt in Koppeln Reitpferde grasten, hatte

Maria manche selten gewordenen Blumen und Kräuter entdeckt. Im Gegensatz zu Leo, der die Namen der im Frühjahr bestimmten Pflanzen im nächsten Frühjahr wieder vergessen hatte, war sie mit fast allen Garten-, Wald- und Wiesengewächsen vertraut gewesen, ein wandelndes Pflanzenlexikon hatte sie Leo genannt. So wie sie sein Interesse für Dorfanlagen und Friedhofskulturen zu ironisieren liebte, pflegte er über ihre Blumen- und Kräuterliebe in einer Weise zu scherzen, die immer auch Anerkennung durchblicken ließ. Um ihren Widerspruch zu provozieren, konnte er ihre Naturnähe als das speziell Weibliche bezeichnen, das bei Frauen dort seinen Platz habe, wo bei Männern der Sinn für Geschichtliches sitzt. Nonnen oder auch Hexen, die mit Kräutern zu heilen wussten, habe es in der Menschheitsgeschichte viele gegeben, von Historikerinnen aber habe man selten gehört.

Das Seeufer war auf dem Fahrweg nicht zu erreichen, weil dieser in ein umzäuntes Gelände führte, das zu Leos Kindheit Arbeits- und Wohnort des Fischers gewesen war. Dessen ärmliches Gehöft war zwar noch vorhanden, wurde aber verdeckt durch eine baufällige Baracke, die in sozialistischen Zeiten von einer Fischereigenossenschaft errichtet worden war. Nach der Wende war das gesamte Gelände an einen Hotelkettenbesitzer aus Bayern verkauft worden, der es aber in den vergangenen zwanzig Jahren nur bis zur Errichtung der Umzäunung geschafft hatte, weil ihm, wie es hieß, das Geld ausgegangen war. Da er sich auch um den Wildwuchs nicht gekümmert hatte, waren die Erlen schon über die ruinösen Dächer gewachsen, und Teile der tür- und fensterlosen Baracke waren von wildem Hopfen und Holunderbüschen verdeckt.

Wie alle zivilisatorischen Hinterlassenschaften, die die Landschaft verschandeln, hatten auch diese Errungenschaften der Wiedervereinigung etwas Unheimliches, dem Leo auf seinem Gedenkspaziergang klassisch zu begegnen versuchte, indem er »Hier wendet sich der Gast mit Grausen« dachte, was er damals zu Maria wohl auch ausgesprochen hatte, obwohl sie seine Zitatensucht belustigend fand. In Gegenwart anderer Leute versagte er sich dieses Lautwerden literarischer Erinnerungsfetzen, das als Bildungsprotzerei verstanden werden konnte, Maria gegenüber aber konnte er jeden seiner Gedanken laut werden lassen, auch wenn er von Dichtern vorgeformt war.

Entlang der Umzäunung hatten Angler einen Fußpfad getreten, auf dem man in wenigen Minuten das Ende des gesperrten Geländes erreichte und endlich am Seeufer stand. Enttäuschend war hier für Maria gewesen, dass ein mit Erlengebüsch durchmischter Schilfstreifen den Blick aufs offene Wasser verhindert hatte. Anders als jetzt im März stand damals, es war im August, das Schilf mannshoch.

Um den See überblicken zu können, hatten sie eine Anhöhe erklimmen müssen, was der kranken Maria schwergefallen war. Da hohe Erlen den eben passierten Schandfleck von Klein-Wittenhagen verdeckten, schien die weite Wasserfläche, die ein schwacher Wind nur leicht kräuselte, von der Zivilisation völlig unberührt. Ihre Ufer, die nach einigen Metern mehr oder weniger steil anstiegen, waren meist bewaldet, nur an der entferntesten Stelle, wo der See seinen Ausfluss zur Spreeniederung hatte, stach das frische Grün einer Wiesenfläche gegen das Dunkel des Kiefernwalds ab.

Maria, die ihre Kindheit in Berliner Mietskasernen verbracht hatte, war für Naturschönheiten leicht zu begeistern, und da sie Leo damit eine Freude machte, übertrieb sie ihre Begeisterung zuweilen auch. Dass es diese unberührte Natur hier noch gebe, war ihr fast unglaublich erschienen, worauf Leo, der schon die Freude gehabt hatte, ihr diesen schönen Ausblick wie ein Geschenk überreichen zu können, sich ihr nun auch noch als Naturkundiger erwies: »Unberührte Natur«, so etwa hatte er verlauten lassen, »ist weder hier noch anderswo in unseren Breiten zu finden. Was die Sprachkünstler der Tourismusbranche gern als Natur pur bezeichnen, ist eine Fiktion. Wald und Wiesen sind Ergebnisse kulturellen Fleißes, der auch diesen stillen See schon mit Landhäusern, Hotels, Badestränden und lärmenden Wasserskianlagen verunstaltet hätte, wäre er nicht zu flach und zu morastig dazu. Seine Schönheit ist in dem Mangel begründet, für Vergnügungsdampfer und Wassersportler nicht geeignet zu sein.«

Da damals der Weg am Ufer durch Sumpflöcher

und Strauchwerk erschwert wurde, war Maria bald erschöpft gewesen und hatte, auf dem Stamm einer umgestürzten Erle sitzend, nach Heimkehr verlangt.

Auch Leo wollte bei seinem Alleingang im März den Baumstamm zum Rastplatz machen, konnte jedoch die Stelle nicht wiederfinden, weil hier inzwischen Holz geschlagen worden war. Der Trampelpfad in Ufernähe war von schweren Traktoren in einen Fahrweg mit tiefen Radspuren verwandelt worden, der der Schneeschmelze wegen stellenweise unter Wasser stand. Leo musste sich höhergelegene Wege suchen, achtete aber darauf, dass ihm der See nicht aus den Augen geriet.

Als die hinter den Kiefernstämmen aufblitzende Wasserfläche von vereinzelten Schilfinseln unterbrochen wurde, um dann unter dem Graubraun vorjährigen Schilfs ganz zu verschwinden, lenkte er seine Schritte wieder der Niederung zu. An der Schilfwildnis vorbei erreichte er die schon grünende Wiese, die dem verlandenden See schon von früheren Generationen abgerungen worden war. An einem Wehr mit hölzerner Brücke überquerte er den Abfluss des Sees, den man Mühlgraben nannte, und ruhte an einer schrottreifen Viehtränke noch einmal aus. Der kalte Wind, den er im Walde kaum gespürt hatte, trieb ihn bald schneller über die hier beginnenden Äcker, auf denen trotz vereinzelter Schneereste das Wintergetreide schon aufgewachsen war. Die Sonne, die der Wind für einige Minuten von Wolken befreit hatte, brachte die roten Dächer des Dorfes zum Leuchten, sie wurden nur wenig vom wuchtigen Turm der Kirche überragt.

Auf dem Anger von Kossow waren noch wie in alten Zeiten Kirche, Kirchhof und Dorfteich zu finden, daneben das Schulgebäude aus Kaisers Zeiten, heute von den Nachkommen des letzten Dorfschullehrers privat bewohnt. Die Kirche, die die Touristenwerbung des Landkreises in ihren Faltblättern als »Kleinod märkischer Baukunst des Mittelalters« bezeichnete, lockte zwar keine Touristenströme, aber doch ab und zu einen einzelnen Interessenten an. In einem der regionalen Kunstführer hatten sogar die rätselhaften Schachbrettmuster auf einigen Feldsteinquadern Erwähnung gefunden, in einer Fußnote allerdings nur.

Die halbhohe Feldsteinmauer, mit der man in früheren Jahrhunderten den Kirchhof vor den durch die Dorfstraße getriebenen Viehherden geschützt hatte, zeugte durch ihre Intaktheit vom Traditionsbewusstsein der Dorfbewohner, das sich auch im Innern des Kirchhofs bewies. Alte Linden und noch ältere Lebensbäume hatte man hier stehen lassen, und die Steine und Kreuze aufgelassener Gräber hatte man nicht als Müll abgefahren, sondern an der Innenseite der Mauer sauber aufgereiht. Vereinzelt waren zwar auch hier schon moderne Grabsteine ohne jede christliche Symbolik zu finden, doch war insgesamt der Charakter einer kirchlichen Begräbnisstätte bewahrt.

Die lange Wanderung hatte Leos Kräfte ermatten

lassen. Da er nach Luft ringen musste und die Beine ihm den Dienst zu versagen drohten, setzte er sich, bevor er Marias Grab aufsuchte, auf die Stufen des Denkmals für die Gefallenen des Ersten Weltkrieges, das gleich hinter dem Kirchhoftor stand. Im Gegensatz zu dem Gedenkstein für die Toten des letzten Krieges, den man im Innern der Kirche aufgestellt hatte, waren hier noch alle Gefallenen als Helden bezeichnet worden, die nicht sinnlos gestorben waren, sondern fürs Vaterland.

Wie immer bei Friedhofs- und Kirchenbesuchen fühlte Leo eine Beklommenheit in sich aufsteigen, die damit zu tun hatte, dass er zwar Hochachtung vor der Heiligkeit dieser Orte empfinden, sich aber nicht als zugehörig betrachten konnte; denn wie andere Vereine, Parteien oder Bünde war ihm auch die Gemeinschaft der Gläubigen fremd. Der christlichen Tradition fühlte er sich verpflichtet, nicht aber einer Kirche, die dabei war, sich aller Traditionen zu entledigen, um sich der Zeit anzupassen, in der sie wahrscheinlich unterging. Wie auf jedem seiner Gründonnerstagsgänge fühlte er sich auf dem Kirchhof nicht mehr so innig wie unterwegs mit Maria verbunden, weil der Erdhügel, unter dem er sich zwanghaft die Verwesung ihres Leichnams vorstellen musste, mit der Geliebten weniger zu tun hatte als sein lebendiges Gedenken an sie.

Unter diesen und ähnlichen Grübeleien, zu denen auch vage Hoffnungen auf ein mögliches Wiedersehen im Jenseits gehörten, erhob er sich mühsam und machte sich auf den vertrauten Weg zu Marias Grab. Als er erkennen konnte, dass die niederhängenden Zweige der Trauerweide, die er neben den Grabstein gepflanzt hatte, bereits zu grünen begannen, bemerkte er auch, dass hier etwas verändert war. Die immergrünen Bodenbedecker, mit denen Wilhelmine den Grabhügel verschönt hatte, waren am Kopfende beseitigt worden, um einer Vase Platz zu machen, in der ein prächtiger Strauß weißer Rosen stand.

Leos Erstaunen war mehr ein Erschrecken, dem Eifersuchtsschmerz ähnlich, den er vor Jahrzehnten einmal hatte erleiden müssen und der selbst in der Erinnerung noch schmerzhaft war. Angesichts dieser teuren Rosen, die er sich nicht hätte leisten können, kamen die Leiden der Vergangenheit wieder, aber gleichzeitig auch das Mittel, sie erträglich zu machen, das bei ihm in der Literarisierung des leidvollen Vorgangs bestand. Um den Schmerz von sich fernzuhalten, wurde er dem Helden eines noch zu schreibenden Romans zugeschrieben, der nach langem glücklichem Leben mit der Geliebten erst an ihrem Grabe von einem Nebenbuhler erfährt.

Als er nach Überwindung der Schrecksekunde wieder nüchtern überlegen konnte, schien es ihm wahrscheinlich, dass der unbekannte Verehrer Marias aus Berlin gekommen war. Üppige Rosensträuße, die in dieser Jahreszeit ein Vermögen kosteten, waren in der Kreisstadt wahrscheinlich gar nicht zu haben, und sie als Grabschmuck zu nutzen fiel Landleuten nicht ein. Auch die Vase aus dickem Glas, eine Schöpfung der modernsten Moderne, entsprach nicht den hiesigen Geldbeuteln und schon gar nicht dem hier üblichen Geschmack. Vasen an Gräbern sah man hier selten, und die wenigen waren aus billigem Kunststoff, um dessen Verderb es nicht schade war.

Während Leo sich seiner Eifersucht wegen selbst albern nannte, trat eine alte Frau, die sich an einem der benachbarten Gräber zu schaffen gemacht hatte, zu ihm heran. »Bei diesem Wetter machen die es nicht lange«, sagte sie, auf die Rosen deutend, beugte sich trotz ihres enormen Leibesumfangs beneidenswert flink und sicher zu ihnen hinunter und roch daran.

»Echt sind sie ja«, sagte sie anerkennend, um dann aber kopfschüttelnd hinzuzusetzen: »Die verrückte Vase würde ich, wenn ich Sie wäre, lieber mit nach Hause nehmen, den nächsten Nachtfrost überlebt die nicht.«

Da Leo sich zu erinnern meinte, die unförmige Gestalt mit Wattehose und Kittelschürze schon mehrfach hier gesehen zu haben, erhoffte er sich einen Beitrag zur Lösung des Rosen-Rätsels von ihr. Als er ihr aber erklären wollte, wer er sei und was er hier wolle, wurde er unwillig von ihr unterbrochen und zum Schweigen verurteilt, weil sie mit der Zurechtweisung: »Aber ich kenne Ihnen doch und auch Ihre Tochter!« für mindestens zehn Minuten das Wort ergriff.

Um der Erwartung willen, von ihr etwas über den Rosen-Spender erfahren zu können, musste er sich nun erst ihr Leben erzählen lassen, das etwa die Länge des seinen hatte, sich aber durch viele Unglücksfälle von ihm unterschied. Die Vertreibung aus ihrer Heimat jenseits der Oder, die sie als junges Mädchen erleben musste, hatte sie nie verwinden können, ihre zwei Ehen waren unerträglich gewesen, und von ihrem einzigen Sohn, der sofort nach der Wende drüben sein Glück hatte versuchen wollen, hatte sie nie wieder etwas gehört.

Sie zu unterbrechen wäre vergeblich gewesen, aber da sie anschaulich erzählen konnte, fiel es ihm leicht, sich als guten Zuhörer zu zeigen, und das wurde ihm dann auch gedankt. Denn als sie von dem Trabbi erzählte, der damals bestellt, aber nicht gekauft werden konnte, weil ihr zweiter Mann alles Angesparte versoffen hatte, kam sie von selbst auf den nagelneuen Mercedes zu sprechen, in dem der Rosenstrauß gebracht worden war.

»Haben Sie auch sehen können, wer das Auto gefahren hat?«

»Na klar!«, sagte sie unwillig. »Er hat doch das Grab nicht finden können und mich gefragt.«

»Es war also ein Mann?«

»Sagte ich doch!«

»Alt oder jung?«

»So dazwischen. Richtig grauhaarig war er noch nicht, nur ein bisschen, sah aber nicht schlecht aus, mit Bart natürlich, den sie jetzt alle den Ausländern nachmachen, weil sie sich männlicher vorkommen damit. Aber Ausländer war er nicht, das hört man doch gleich.«

»Und wonach genau hat er Sie gefragt?«

»Sagte ich doch schon. Wo das Grab der Maria Leydenfrost ist, wollte er wissen. Anderes hat ihn nicht interessiert, nicht mal die Kirche, die manche doch angucken, als sei was Besonderes daran. Ein paar Minuten hat er am Grab gestanden, dann schnell wieder ins Auto und ab!«

»Hatte der Mercedes eine Berliner Nummer?«

»Da sind Sie bei mir an der falschen Adresse. Davon verstehe ich nichts. Das habe ich auch der Polizei neulich gesagt, als die Zigeuner da waren, auch mit einem so großen Auto, aber nicht so einem neuen, sondern einer alten Klapperkiste. Ich weiß, Zigeuner darf man heute nicht mehr sagen, aber das waren wirklich welche, bunt wie die Papageien, mit langen Röcken und Zöpfen und süßen Kindern, die hier betteln sollten. Ich habe nichts gegen Ausländer, aber in Ruhe lassen sollen sie uns. Mein Verflossener, ich meine den zweiten, den Versoffenen, der hat immer gesagt: Wenn ich meinen Nachbarn krankenhausreif schlage, kräht kein Hahn danach, wenn ich aber einen Kanaken nur so nenne, lochen sie mir gleich ein. Besoffen ist er immer jähzornig gewesen, aber zum Glück ist nie was passiert. Da war der Erste ganz anders, sanft wie ein Lamm, aber krank, schon als ich ihn genommen habe. Der ist in Berlin gestorben und begraben, wo er eine Jüngere aufgegabelt hatte, ob die sein Grab pflegt, weiß ich nicht. Ich kümmere mich hier nur um das Grab von dem Zweiten. Verdient hat er es nicht, aber anders geht es doch nicht.«

16.

Leos Gründonnerstagausflug war mit der Rückfahrt in Fatimas Auto zu Ende gegangen, am Karfreitag hatte er sich von den Strapazen erholen müssen, und für Sonnabend war der Besuch des Osterfeuers geplant.

Mit diesem war, wie die Provinzpresse meinte, ein alter Brauch wiederaufgenommen worden, was aber Leo bestritt. Zu den in dieser Gegend üblichen Osterbräuchen, sagte er in der Küche zu Wilhelmine, die bei solchen Themen wegzuhören pflegte, habe zwar das Eiersuchen, das Eiertrudeln und das Osterwasserholen, nicht aber das Osterfeuer gehört. Dessen Einführung sei nicht der Tradition, sondern dem Mangel an Feierlichkeiten zu danken, der durch die Wende entstanden sei. Nachdem die großen Festivitäten des 1. Mai und des 7. Oktober weggefallen seien, habe sich zwar in manchen Orten das Feiern des Frauentags und der Jugendweihe weiterhin noch erhalten können, aber befriedigt worden sei das Feierbedürfnis dadurch noch nicht. Zum gemeinsamen Biertrinken und Bratwurstessen werde jeder

Anlass gern wahrgenommen. Um das Volk bei guter Laune zu halten, habe man neben den vielen Stadt-, Dorf-, und Straßenfesten auch die Osterfeuer eingeführt.

Obwohl die alten Leydenfrosts das Haus bei Dunkelheit nur noch selten verließen, fehlten sie nie beim Osterfeuer, weil dort auch jüngere Leute zu treffen waren, die man sonst kaum noch sah. Im Gegensatz zu den Fastnachtsvergnügungen, die ganz der tanzlustigen und trinkfreudigen Jugend gehörten, ging es am Samstagabend vor Ostern ruhiger zu. Da man vom ursprünglichen Sinn der Veranstaltung nichts wusste und auch nichts wissen wollte, war auch kein Programm einzuhalten, man kam und ging, wann man wollte, und war zu nichts gezwungen, nicht einmal zu einem gemeinsamen Lied.

Ort des Vergnügens war ein zum See hin abfallendes Wiesengelände gleich hinter dem Dorf. Hier hatte man schon am Winterende, als in den Gärten die Obstbäume und in den Alleen die Eichen, Linden und Kastanien beschnitten worden waren, das Astwerk, das man früher verheizt hatte, zu einem mächtigen Haufen aufgetürmt. Die Feuerwehr, die als Veranstalter des Festes firmierte, betätigte sich hier als Abfallbeseitiger, sie ersparte dem Dorf die nicht unbeträchtliche Abfuhrgebühr.

Der Ostersonnabend war sonnig, aber kalt gewesen, so dass am Abend wieder mit Frost zu rechnen war. Abgesehen vom merklich größer und verständiger gewordenen Enkel Walter, der in der Kreisstadt eine Geburtstagsparty besuchte, hatten sich alle Bewohner der Villa zur Teilnahme an dem Spektakel entschlossen und rüsteten sich mit Schals, Mützen und Mänteln aus. Da man Hedwig den halbstündigen Rückweg in der Dunkelheit nicht zumuten konnte, wurde mit Fatimas Auto gefahren, mit dem man schon in wenigen Minuten auf dem als Festwiese bezeichneten Hügel war. Die Sonne war gerade untergegangen, der See, den man von hier aus überblicken konnte, erschien als glatte schwarze Fläche, über den Kiefernwäldern der anderen Seeseite war der Himmel noch vielfarbig erhellt.

Auf den Bänken, die man um den Holzstoß herumgestellt hatte, saßen nur alte Leute und Frauen mit Kleinkindern, die Männer standen am Bierwagen, wo man auch Würste briet. Kinder, die auf der Wiese spielten, liefen herbei, als zwei Feuerwehrmänner mit langstieligen Fackeln den Holzstoß in Brand zu setzen versuchten, was ihnen erst nach mehreren Versuchen mit Hilfe von Brandbeschleunigern gelang. Nachdem sich eine mächtige Rauchwolke verzogen hatte, stand der Holzstoß bald knisternd in lodernden Flammen und sandte Funken in die anbrechende Nacht.

Die Ankunft der Leydenfrosts wurde kaum beachtet, nur einige ältere Leute winkten ihnen eine Begrüßung zu. Fatima, die Hedwig untergehakt hatte, geleitete sie zu einer der Bänke und begrüßte dann die alte Frau Noack und ihren im Rollstuhl sitzenden Mann. Wilhelmine, die sofort nach ihrem Chef Ausschau gehalten hatte, sah ihn am Bierwagen stehen, gesellte sich vorerst aber zu einigen Frauen, bei denen die Herstellung von Obsttorten heißumstrittenes Thema war. Leo war gleich nach der Ankunft auf Cornelia gestoßen, die wie alle Noacks der Feuerwehr angehörte, deren Uniform sie auch trug. Sie hatte die Aufgabe, die kleinen und großen Kinder, die sich jetzt alle um das Feuer drängten, von diesem fernzuhalten, was ihr aber besonders bei ihren eignen Söhnen nur unzureichend gelang. Ihr Ältester, dem die Feuerwehruniform besser stand als der Mutter, wurde Leo stolz als Jüngster der dörflichen Wehr präsentiert.

Hedwig, die nur gekommen war, um wieder einmal junge Gesichter sehen zu können, hatte sich neben eine Mutter mit Säugling gesetzt. Ausführlich hatte sie das Baby bewundert, und als sie erfahren hatte, zu welcher Familie die junge Frau gehörte, wurden die dadurch in ihr erweckten Kindheitserinnerungen so übermächtig, dass sie von der Großmutter der jungen Frau erzählen musste, mit der sie in der Kindheit befreundet gewesen war. Es war eine lange Geschichte, die die junge Frau aber zu langweilen schien. Als ihr Kind unruhig wurde, verabschiedete sie sich hastig, und da kein anderer sich auf die alte Leydenfrost einlassen wollte, blieben die Sitze neben ihr leer. Auch als die Bänke vom lichterloh brennenden Feuer etwas entfernt werden mussten, blieb Hedwig mit ihren nicht abzuwehrenden Erinnerungen unter dem von Funken durchschossenen Nachthimmel allein.

Die Sonnenwendfeiern waren für ihre Jungmädelgruppe aufregender als andere Treffen gewesen, weil sich das Fähnlein des Jungvolks an ihnen beteiligt hatte, mit dem man sonst kaum in Berührung gekommen war. Der Reiz der nächtlichen Feierstunde, in der die Jungen und Mädchen ein Programm mit Liedern, Sprechchören und Gedichten geboten hatten, war insgeheim mit pubertären Sehnsüchten verknüpft gewesen, die in Erinnerung zu rufen ihr später von ihrem Gewissen verboten worden war. Das Glücksgefühl, das sie überrieselt hatte, als Hartmut, der von ihr bewunderte Fähnleinführer, ihr nach ihrem Auftritt anerkennend die Hand gereicht hatte, wagte sie sich jetzt erst wieder einzugestehen. Dass ihr beim Schlusslied »Flamme empor« Schauer der Ehrfurcht über den Rücken gelaufen waren, hatte sie Jahrzehnte hindurch erfolgreich verdrängen können, und vom »Deutschen Rat«, den sie damals mit Überzeugung vorgetragen hatte, fielen ihr erst angesichts der knisternden Flammen wieder einige Zeilen ein. »Vor allem eins, mein Kind, sei treu und wahr«, hatte es da etwa geheißen, »von altersher im deutschen Volke war es höchster Ruhm, getreu und wahr zu sein.«

Leo dagegen war frei von solchen Erinnerungen. Ihm war es als Kind immer gelungen, sich vor Sonnenwendfeiern zu drücken, und mit dem neuerdings üblichen Osterfeuer konnte er sich leicht abfinden, weil die sinnentleerte Veranstaltung so wohltuend zwanglos verlief. Er hatte, da er kein

Biertrinker war, die Männeransammlung an der Theke vermieden, war zum See hinuntergegangen, um sich aus der Entfernung an dem nächtlichen Schauspiel erfreuen zu können und war dort auf den alten Noack gestoßen, der über die fast hundertjährige Geschichte der Freiwilligen Feuerwehr Wittenhagens lustig zu erzählen verstand. Im Gegensatz zu anderen Organisationen hatte die Ortsfeuerwehr alle Umbrüche des letzten Jahrhunderts unbeschadet überstehen können, und da Noack viele Anekdoten über ihre Überlebenskünste unter den wechselnden Regimen zum Besten geben konnte, hatte Leo sich wirklich daran erfreuen können, bis Wilhelmine die Unterhaltung der beiden Alten unterbrach. Sie erklärte, ihren Vater mal für einige Minuten entführen zu müssen, nahm seinen Arm und steuerte am Feuer vorbei zur Männergruppe am Bierwagen, aus der sich Herr Hoffmann löste und ihnen lächelnd entgegenkam.

Der stattliche Mann von etwa fünfzig Jahren, der mit seinen angegrauten Haaren und dem gepflegten Bärtchen unter der Nase an Frauenverführer älterer Filme erinnerte, überraschte sowohl durch sein angenehmes Äußeres als auch durch seine freundlich und intelligent wirkende Offenherzigkeit. Leo, der sich darauf eingestellt hatte, nur durch geschicktes Fragen etwas über die Vergangenheit dieses Mannes erfahren zu können, wusste erst nicht, wie er reagieren sollte, als Hoffmann ihm lächelnd die Hand reichend erklärte, den Vater seines Freundes Rainer endlich kennenzulernen sei höchst erfreulich für ihn. Durch Wilhelmine und seinen Mitarbeiter Kulicke habe er ja schon viel Gutes über ihn gehört.

Leo, der sich zu einer seinen Gefühlen angemessenen Reaktion unfähig fühlte, hörte sich eine höfliche Antwort murmeln und schämte sich gleichzeitig dafür.

Ehe jetzt eine peinliche Pause entstehen konnte, ergriff Hoffmann die Initiative, indem er laut nach zwei Bieren verlangte, eines Leo in die Hand drückte und ihn fürsorglich zu einer Bank führte, wo er sich neben ihm niederließ.

»Volksbelustigungen wie diese«, sagte er, »sind eigentlich nicht meine Sache, aber die Leute sehen es nicht gern, wenn man dabei fehlt. Sie deuten als Hochmut, was eigentlich nur Langeweile ist. Osterfeuer oder Fastnachtsbälle sind für unsereinen nur eine besondere Art von Dienst. In dieser Hinsicht unterscheiden sich die früheren Verhältnisse nicht von den neuen. Damals aber hatte ich bei allen angeordneten Vergnügungen in Rainer immer einen Mitleidenden. Lassen Sie uns auf ihn anstoßen, ich hoffe doch, es geht ihm gut?«

Leo, der der letzten Bemerkung entnehmen konnte, dass Hoffmann von Rainers Zerwürfnis mit dem Vater nichts wusste, war nicht gewillt, ihn damit bekannt zu machen. Er wusste also nicht gleich zu antworten, denn das Alter hatte, wie er jetzt wieder merkte, neben der körperlichen auch die geistige Beweglichkeit verlangsamt, so dass ihm schnelles

Reagieren auf Veränderungen nicht möglich war. Um Zeit zu gewinnen, trank er in tiefen Zügen das Bier, das er sonst verabscheute, und antwortete ausweichend: er habe jetzt schon lange von seinem Sohn nichts gehört.

»Davon sollten Sie sich nicht beunruhigen lassen«, sagte Hoffmann in einer Stimmlage, die man zur Tröstung von Kindern oder unzurechnungsfähigen Alten benutzt. »Sie sollten sich immer sagen, dass ein Mann von seiner Intelligenz und seinem Wissen nicht verlorengeht. Auch früher schon wurde er von der ehemals anderen Seite geschätzt. Damals, als unsere vergreisten Politbüro-Dummköpfe ihr Ende noch gar nicht begriffen hatten, war er in seine neue Stellung schon eingerückt. Die Dienste in aller Welt hängen doch irgendwie zusammen, da hackt eine Krähe der andern kein Auge aus.«

»Sie glauben also, Rainer ist übergelaufen?«, fragte Leo, dem der ungewohnte Alkohol schon zu Kopfe gestiegen war.

»Er ist nicht übergelaufen, er hat nur die Firma gewechselt, nicht aber das Volk, dem er dient. Die Arbeit, die er zuvor gemacht hat, macht er nun weiter, und, wie ich annehme, gleich gut. Er war, wie Sie wohl von Kulicke schon wissen, unser Mann für die Volksdemokratien, und das ist er geblieben, einen besser Unterrichteten als ihn gibt es nirgendwo auf der Welt.«

»Aber er war doch ein so strenger Genosse!«

»Auch ein solcher lernt nie aus. Bei uns hat er gelernt, Ideologie, Propaganda, Moral und ähnliches Irreale von Tatsachen zu unterscheiden. Und wenn ich UNS sage, meine ich damit nicht die vielen Treppenterrier, die mit ihrem Heer von Spitzeln zu Lebzeiten des Ländchens Angst verbreiteten und danach als Sündenböcke dienen mussten, nein, mit UNS bezeichne ich den harten Kern des für die äußere Sicherheit zuständigen Dienstes, die geballte Intelligenz, die unser Chef um sich versammelt hatte, und deren Arbeit zwar nicht in der Öffentlichkeit, wohl aber in der Welt der Dienste als hervorragend anerkannt war. Diese Elite, zu der auch Ihr Sohn gehörte, wurde weiterverwendet und nicht wie das Fußvolk an den Pranger gestellt. Sorgen um Rainer brauchen Sie sich also nicht zu machen. Nichts von sich hören zu lassen gehört sozusagen zu seinem Beruf.«

»Und sein Gewissen hat ihn am Wechsel nicht gehindert?«

»Lernprozesse erzeugen keine Gewissensbisse! Im Gegenteil: Man ist froh darüber, klüger geworden zu sein. Auch sind ja die Ziele, Frieden und Fortschritt, die gleichen geblieben, sowohl auf Rainers als auch auf meinem Gebiet, also der Landwirtschaft, die hüben und drüben auf Fortschritt getrimmt wurde, hier freilich mit unzureichender Technik und rüden Methoden, die ich heute als untauglich ablehnen muss. Ähnlich verhält es sich doch mit den Kirchen, die ihrem Wesen entsprechend fortschrittsfeindlich sein müssen. Wir haben ihnen damals mit Gewalt beikommen wollen, obwohl es, wie wir jetzt lernen, mit ausdauernder Sanftheit besser geht. Statt sie zu unterdrücken, muss man sie zu Verbündeten machen. Wenn ich die Predigten unserer gutbezahlten Pastoren höre, in denen die aktuell gängigen Schlagworte mit Bibelzitaten unterfüttert werden, Begriffe wie Himmelreich, Jenseits und Sünde aber überhaupt nicht mehr vorkommen, lacht mir das Herz. Dass ein Pastor und eine Pastorentochter aus dem Osten heute das vereinte Land führen, will mir dann nicht mehr als Zufall erscheinen. Kurz gesagt: Was wir Wende oder gar Umsturz nennen, habe ich allmählich als Fortsetzung zu sehen gelernt. Zu schlechtem Gewissen, das Sie bei Rainer befürchten, gibt es also keinen Grund.«

Die drei Biere, die Leo sich von der geschäftig zwischen Bank und Theke hin und her eilenden Wilhelmine noch hatte aufdrängen lassen, waren ihm derart in den Kopf gestiegen, dass er Hoffmanns Worte zwar noch hören, aber nicht mehr ganz begreifen konnte und zu Entgegnungen nicht mehr fähig war. Er musste alle Energie darauf verwenden, sich die Trunkenheit nicht anmerken zu lassen, und da er beim Gehen zu schwanken fürchtete, blieb er, nachdem Hoffmann sich mit der Bemerkung, er müsse sich wieder um seine Leute kümmern, verabschiedet hatte, noch lange sitzen, starrte, ohne die vielen in ihm aufzuckenden Gedanken festhalten zu können, ins kleiner werdende Feuer, bis Fatima ihn zum Auto geleitete, in dem Hedwig schon saß.

»Es war ja nicht schlecht«, sagte sie, »nur zu anstrengend für unser Alter. Dergleichen kann man auch bleibenlassen. Man kommt sich nur überflüssig vor.«

17.

Wider Erwarten begann der Ostersonntag mit blauem Himmel und Sonnenschein. Hedwig, die schon seit Jahren nur in Etappen von ein bis zwei Stunden schlafen konnte, war, wie bei ihr üblich, schon vor Tagesanbruch auf den Beinen gewesen und hatte für Fatima, die an Feiertagen das Schlafdefizit der Woche auszugleichen pflegte, den österlich geschmückten Frühstückstisch gedeckt.

Leo dagegen hatte erst spät aus dem Bett gefunden, obwohl auch er ein notorischer Frühaufsteher war. Der ungewohnte Bierkonsum auf der Festwiese, den er reuig ein Besäufnis nannte, hatte ihn nachts nur wenig schlafen und am Morgen erst spät erwachen lassen, so dass er zum gemeinsamen Frühstück mit Wilhelmine verdammt worden war. Als diese sich dann endlich entfernte, um ihrem fast schon erwachsenen Sohn Schokoladenosterhasen ans Bett zu bringen, brach Leo zu seinem gewohnten Osterspaziergang auf.

Auch Hedwig hatte sich, als die Sonne so hoch stand, dass man sich von ihr etwas Wärme versprechen konnte, zu einem Spaziergang entschlossen. Da sie sich größere Anstrengungen nicht mehr zutrauen konnte, wählte sie den kurzen Weg zum ehemaligen Gutshaus, zur Hausstelle, wie der von Brennnesseln überwachsene Platz bei den Geschwistern hieß. Sie wollte sehen, ob im Park die Veilchen schon blühten. Früher hatte es sie hier nur vereinzelt gegeben, so dass man nach ihnen suchen musste, in der Verwilderung der letzten Jahrzehnte hatten sie sich ausbreiten können, an manchen Stellen war der Boden vollkommen mit dem hellen Grün ihrer Blätter bedeckt. Als junges Mädchen hatte sie sich beim Veilchensuchen auf ihren Geruchssinn verlassen können, der Duft hatte sie, wenn Windstille herrschte, zu den besten Verstecken der winzigen Blüten geführt. Seit einigen Jahren aber war ihr Geruchssinn schwächer geworden, er meldete ihr nur noch strengere Gerüche, wie den von Knoblauch, Kohl oder übergekochter Milch.

Der Weg zur Hausstelle, dessen Unebenheiten sie genau kannte, wurde von ihr bevorzugt, seitdem ihr Gang unsicherer geworden war. Auch war ihr Orientierungssinn schwächer geworden, so dass sie sich in den Wäldern schon einmal verlaufen hatte, ein Treckerfahrer hatte sie aufgegriffen und sie wieder nach Hause gebracht. Auch gestürzt war sie schon zweimal, ohne sich die Knochen zu brechen. Auf Fatimas Anweisung trug sie jetzt Unterwäsche, die über den besonders gefährdeten Hüftknochen gepolstert war.

Schon der erste Teil des Weges, den andere Leute als langweilig empfanden, weil er an den rückwärtigen

Mauern der Ställe und der Reithalle vorüberführte, wurde neuerdings der vielen Erinnerungen wegen von ihr geliebt. Hier, wo sich rechter Hand jetzt die weite, ununterbrochene Ackerfläche erstreckte, war diese damals von einem Weg durchschnitten worden, der mit Pflaumenbäumen, die der Gemeinde gehörten, bestanden war. Anfang September, kurz vor der Reife, waren hier die Hausfrauen des Dorfes zusammengekommen, um sich die Ernte eines Baumes zu sichern. Der Preis dafür, fünf bis zwölf Mark etwa, wurde nach Abschätzung von Menge und Güte des zu erwartenden Ertrages vom Bürgermeister festgelegt. Da auch die Gutsfamilie Bedarf an Pflaumenmus gehabt hatte, war die Mutter immer dabei gewesen. Der bezahlte Baum war gekennzeichnet worden, und bei der Ernte hatte dann Hedwig ihre wagehalsigen Kletterkünste gezeigt. Leo dagegen war nur für die am Boden liegenden Pflaumen zuständig gewesen. Über verdorbenen Magen aber hatten beide danach geklagt.

Auch der nächste Weg, der damals die Äcker geteilt hatte, war der kollektiven Großraumbewirtschaftung geopfert worden, auf ihm war man zur Quelle des Fennpuhls gekommen, die später verrohrt und zugeschüttet worden war. Hedwig und ihre Freundinnen waren hier am Ostermorgen schon vor Sonnenaufgang zum Osterwasserholen unterwegs gewesen, und bevor die Sonne sich vollständig gezeigt hatte, waren sie wieder zu Haus. Das Wasser, das angeblich schöner machte, konnte seine Wirkung nur entfalten, wenn auf dem Rückweg weder gesprochen noch gelacht worden war. Der besondere Reiz dieser österlichen Morgenstunden hatte aber in der Mitwirkung der Jungen bestanden, die nämlich waren als Versucher aufgetreten, um die Mädchen zum Sprechen oder Lachen zu bringen, und Hartmut, der Fähnleinführer, um dessen Tod »im Felde« wenige Jahre später schon getrauert wurde, hatte immer dazugehört.

»Um endlich fähig zu werden, mich gegen schöne Erinnerungen nicht mehr zu wehren, habe ich wohl steinalt werden müssen«, dachte Hedwig, als ihr die Hausstelle mit den drei Birken schon sichtbar geworden war. Als sie sich jetzt das Bild ihres Vaters unter dem windschiefen Vordach des alten Herrenhauses und sich selbst als Achtjährige bei den ersten Reitversuchen bunt und lebendig ausmalen konnte, kam tatsächlich so etwas wie Feiertagsstimmung über sie. Die vage Trauer über das baldige Lebensende, die selbst ihre Träume umflorte, wurde zwar dadurch nicht völlig beseitigt, aber doch bedeutend geschwächt. Es war ihr, als ob sich durch das erinnernde Wiedererleben der Jugendjahre der Schmerz um Niewiederkehrendes etwas verlor.

Leos Osterspaziergang dagegen war dem Feiertag angemessener, und zwar nicht nur, weil er seine Schritte dem Rhythmus von Fausts einschlägigen Versen anzupassen versuchte, sondern auch, weil er gedanklich mit dem Zustand seiner Kirche, also der evangelischen, beschäftigt war.

Nach seinem Verständnis der heimatlichen Kirchengeschichte waren die Krankheitskeime des Protestantismus schon bald nach seiner Entstehung in diesen eingedrungen, durch seine Abhängigkeit von der irdischen Obrigkeit nämlich, die erst von den Fürsten gestellt wurde, dann von Königen und Kaisern und schließlich von diesem und jenem Staat. Erfolglose Versuche, diese Abhängigkeit zu verringern, hatte es, vom Pietismus bis zur Bekennenden Kirche, in allen Epochen gegeben, und als der ostdeutsche Staat von sich aus die Trennung erzwungen hatte, war ihr die Mehrzahl der Mitglieder untreu geworden, weil ihr schon seit mehreren Generationen der Thron mehr als der Altar bedeutet hatte, ihr also der Glaube abhandengekommen war. Dessen Stärkung war also zur Gesundung der Kirche ebenso nötig wie die Verminderung ihrer Abhängigkeit.

Dem Feiertag angemessen, hatte sich Leo als Ziel des Spazierganges die Dorfkirche erwählt. Er wollte aber nicht wie am Heiligen Abend den Festgottesdienst miterleben, sondern sich seine Ansicht über den traurigen Zustand der Institution Kirche vom kleinen Häuflein der Kirchgänger bestätigen lassen, und deshalb steuerte er, nachdem er einen Blick auf die Uhr geworfen hatte, mit schnelleren Schritten dem Anger zu. Da er wusste, dass der Pfarrer (es war ein neuer, den er noch nicht kannte) auch noch in drei anderen Dörfern (immer das Gleiche) zu predigen hatte, war zu erwarten, dass er in Wittenhagen den Schlusssegen pünktlich sprach.

Die schnellere Gangart hatte ihn so erschöpft, dass

er sich am Dorfteich auf die Parkbank setzen musste, die kürzlich hier aufgestellt worden war. Er bewunderte den neuangelegten Kiesweg, der, von Rasenflächen begleitet, um den Teich herumführte, und erhob sich erst, als die Kirchentür geöffnet wurde und das Glockenläuten begann. Die durchdringenden Glockentöne, die einst Ausdruck kirchlicher Macht gewesen waren, schienen Leo zu den sechs aus der Kirche kommenden alten Frauen nicht recht passen zu wollen. Schon war er dabei, dieses Missverhältnis als letztes Lebenszeichen des Protestantismus zu deuten, da wurde auch der Pastor vor dem Kirchenportal sichtbar, und Leo nahm diesen Gedanken schnell wieder zurück.

Der Pastor nämlich war eine Pastorin, und zwar eine junge und großgewachsene mit blondem Haar. Ihre Verabschiedung der Kirchenbesucher schien diese fröhlich zu stimmen. Für Leos altersmüdes Gehör war ihre Rede zwar nicht verständlich, aber ihr Lachen war ihm vernehmbar und erhellte auch sein Gemüt. Statt, wie er vorgehabt hatte, sich gleich wieder heimwärts zu wenden, trugen ihn seine müden Füße auf die österliche Erscheinung zu.

Diese kam ihm einige Schritte entgegen und äußerte ihr Bedauern darüber, dass der Gottesdienst schon beendet sei. Er könne aber mit ihr nach Kossow fahren, wo sie die Osterfeier in einer Viertelstunde beginnen müsse. Eine Möglichkeit zur Rückfahrt finde sich dort sicher auch.

Das freundliche Wesen der ansehenswerten jungen Pastorin machte es Leo unmöglich, sie zu enttäuschen. Er ließ sie also bei ihrer Meinung, dass er des Gottesdienstes wegen gekommen sei. Als sie sich ihm nun auch noch namentlich vorstellte und ihm anvertraute, dass die Kirchenleitung sie nur probeweise in diese ihr menschenleer vorkommende Gegend versetzt habe, fühlte er sich verpflichtet, auf ihren freundlichen Vorschlag zur Mitfahrt nach Kossow einzugehen.

Sie hieß Anna Merkel, war aber, wie sie gleich ungefragt sagte, mit der berühmten Merkel nicht verwandt. Zwar komme sie wie diese aus einem evangelischen Pfarrhause, sei sich aber, im Gegensatz zu ihr, der daraus erwachsenen Verpflichtung bewusst. Zu Hause sei sie in einem Dorf Westfalens, kenne also das Landleben, das aber hier zu ihrer Überraschung ein ganz anderes sei.

Das hohe Tempo, in dem die wenigen Kilometer auf der schmalen und kurvenreichen Eichenallee von ihr zurückgelegt wurden, war angsteinflößend. Um die Fahrerin nicht abzulenken, wagte Leo nicht, ihr die Frage zu stellen, was denn die von ihr erwähnte herkunftsbedingte Verpflichtung sei. Sie dagegen konnte auch beim Steuern des Autos reden. Von den Lehmböden ihrer Heimat kam sie auf die märkischen Sandwüsten zu sprechen, die sie aber bisher noch nicht hatte finden können, pries die abwechslungsreiche Landschaft, deren Seen ihr besonders zusagten, und war von den leeren Straßen begeistert, auf denen ein Stau nicht zu befürchten war.

Auch beim Passieren von Dörfern und dem Durchrasen gefährlicher Kurven wurde ihr Redestrom nicht unterbrochen, und dabei blickte sie, statt ihre Aufmerksamkeit auf die Straße zu richten, dauernd zu dem verkrampft neben ihr sitzenden Leo hinüber, der aber auf ihre Plauderei erst zu reagieren vermochte, als das Auto wohlbehalten auf dem Anger von Kossow hielt.

Bis zur Kirche waren es nur wenige Schritte, die die Pastorin so eilig zurücklegte, dass Leo sich nicht an ihrer Seite halten konnte und so seine Frage nach den von ihr erwähnten Verpflichtungen erneut unterblieb.

Wie immer nach Autofahrten plagten ihn Rückenschmerzen, die erst erträglicher wurden, als er sich in der Kirche in die erste ihm erreichbare Bank setzen und sein Kreuz an die Rückwand pressen konnte, so dass er ganz aufrecht saß. Kaum aber war der Rückenschmerz schwächer geworden, spürte er in den Beinen, die in der engen Bank kaum unterzubringen waren, die Anfänge eines Krampfes aufsteigen, die ihn veranlassten, sich wieder zu erheben und ein paar Schritte zu gehen.

In der kleinen Kirche waren die Bänke so angeordnet, dass sie nur vom Mittelgang aus betreten werden konnten, denn rechts und links stießen sie an die Wand. Leo konnte also seine Gehversuche, die den Schmerz eines Wadenkrampfes verhindern sollten, nur auf dem Mittelgang machen, wo er die Aufmerksamkeit der Kirchenbesucher auf sich zog. Die zehn oder zwölf Frauen, die in den vorderen Bankreihen saßen, blickten sich ohne Scheu nach ihm um.

Während er sich peinlich berührt schnell wieder in eine der leeren Bänke zwängte, wurde der Gottesdienst schon von der Pastorin eröffnet, und Leo, der hier nun wohl eine Stunde ausharren musste, rutschte in der Bank bis an ihr Ende, wo er, seitwärts sitzend, die Beine auf der Bank ausstrecken konnte, den Rücken an die weißgetünchte Mauer gelehnt.

Statt sich zu langweilen, wie er erwartet hatte, verfolgte er die Veranstaltung mit wachsendem Interesse, das aber vor allem der Veranstalterin galt. Die Spur von schlechtem Eindruck, den ihre Autoraserei in ihm hinterlassen hatte, wurde in dieser Stunde in Bewunderung verwandelt, und zwar nicht nur ihres angenehmen Äußeren wegen, sondern auch weil ihm ihr Festgottesdienst seine bisher unterdrückte Frage nach ihrer herkunftsbedingten Verpflichtung zu beantworten schien.

Wie viele alte Dorfkirchen in dieser Gegend, die noch die Inneneinrichtung des 18. Jahrhunderts haben, war auch diese mit einem Kanzelaltar ausgestattet, der als Symbol preußischer Sparsamkeit gelten kann. Um sich den Bau einer Kanzel zu ersparen, hatte man dem Prediger einen Platz über dem Altar angewiesen, der von der Sakristei aus zu erreichen war. Die Predigt wurde also ihrer besonderen Bedeutung im Protestantismus entsprechend von oben herab gehalten, was damals, als die Kirchen bis auf die Empore hinauf mit Gläubigen überfüllt waren, sich als praktisch erwiesen hatte. Jetzt aber, da nur einige Besucher in den vorderen Bänken saßen, verzichtete die Pastorin auf diese Standorterhöhung und blieb auch während der Predigt auf Augenhöhe mit ihrer kleinen Gemeinde – die freilich, wie Leo zu erkennen meinte, von dem Gepredigten und Gesungenen wenig verstand.

Er aber glaubte, das Anliegen der Predigerin richtig verstanden zu haben, und aus Freude darüber kokettierte er ein wenig mit der Einbildung, die kluge Pastorin habe speziell für ihn geredet, bis er sich wieder, seine Begeisterung dämpfend, einen verliebten Dummkopf schalt.

In der Predigt war es, wie auch in den Liedern und Gebeten, vor allem um die Feststellung gegangen, dass Religion nicht Sache des Wissens, sondern des Glaubens sei. Sie sei auch Morallehre, vor allem aber Künderin des Göttlichen und Jenseitigen, dem mit Aufklärung nicht beizukommen sei. Eine Kirche, die sich, wie leider schon zu oft in ihrer Geschichte, zum Knecht des immerfort wechselnden Zeitgeistes mache, übe Verrat an sich selbst. Die Frohe Botschaft, die sie zu verkünden hatte, war nicht die der Willkommenskultur oder des Klimaschutzes, sondern die des Evangeliums, das heißt des Gottes, der Mensch geworden war.

Leo, der als frühaufstehender Radiohörer täglich von der fünfminütigen Morgenandacht seines Senders gepeinigt wurde und sich deshalb über den neuesten Kotau der Kirchen vor den herrschenden

Meinungsmachern unterrichtet fühlte, hatte auch von dieser Osterpredigt eine bibelgestützte Lektion über multikulturelle Vorzüge erwartet – zu Unrecht, wie sich erwies. Die schöne Predigerin vermochte vielmehr das in ihm schlummernde Christliche, das die Radioprediger geschädigt hatten, wieder ein wenig aufblühen zu lassen, so dass ihm seine kleine Verliebtheit in die Gottesdienerin gerechtfertigt erschien.

Dass die Pastorin, nachdem sie ihre Zuhörer vor der Kirchentür verabschiedet hatte, ihn wieder nach Wittenhagen zurückfahren wollte, hatte er im Stillen erwartet, es überraschte ihn also nicht.

Seiner Bitte entsprechend wurde nun etwas langsamer gefahren, so dass auch er jetzt zu Worte kam. Ohne der Versuchung nachzugeben, sich über die Namensgleichheit von Pastorin und Kanzlerin lustig zu machen, prophezeite er ihr Schwierigkeiten mit den Kirchenoberen, die sie wahrscheinlich evangelikal nennen würden, was in außerkirchlichen Bereichen etwa der Beschimpfung als rückwärtsgewandt oder gar populistisch entsprach. Nur durch Übereinstimmung mit ihren religiösen Grundsätzen bekundete er ihr seine Zuneigung, sehr zurückhaltend natürlich, wie es ihm sein Alter gebot. Denn bei aller Freude über seine jünglingshafte Gefühlsaufwallung hatte er sich den Sinn für das Lächerliche, das sie für die Betroffene haben musste, durchaus bewahrt.

Er ließ sich von ihr bis zum Abzweig des Villenwegs fahren, so dass er ihr seinen Wohnort zeigen konnte und das letzte Stück seines ausgedehnten Osterspaziergangs nur noch einige hundert Meter betrug.

»Falls Sie irgendwann einmal das Bedürfnis nach Gesprächen haben sollten«, wagte er ihr beim Abschied zu sagen, »erinnern Sie sich bitte daran, dass Sie in meinem Hause jederzeit willkommen sind.«

18.

Zum Nachmittagskaffee des ersten Ostertages hatte Hedwig alle Familienmitglieder zu sich eingeladen, weil, wie sie es ausdrückte, Grundsätzliches zu debattieren sei. Wilhelmine, die eine Torte gebacken hatte, wollte diese zu Hedwig mit hinaufnehmen, doch wurde ihr das von Leo mit der Begründung: »Zu Grundsatzdebatten reicht man keine Torten!« verwehrt. Da er den Feiertag mit einem seiner Lieblingsbücher hatte verbringen wollen, war er so verärgert über die Einladung, dass er Hedwigs Wortwahl zu entnehmen meinte, die Politikerin sei wieder in ihr erwacht.

Dass es richtig war, Wilhelmines Torte für den zweiten Feiertag aufzuheben, erwies sich beim Anblick der festlich gedeckten Tafel in Hedwigs Salon. Torten für jede Geschmacksrichtung waren hier reichlich vorhanden, Fatima hatte sie zwar nicht selbst gebacken, aber beim besten Bäcker der Kreisstadt gekauft. Das Gedeck des jüngsten Teilnehmers, des fast schon erwachsenen Walter Kunze, war mit einigen Schokoladeneiern gekennzeichnet, und Leos und Wilhelmines Plätze waren mit Veilchensträußchen geschmückt.

Nachdem man einige Minuten über das nächtliche Abenteuer des Vortages geplaudert hatte, war auch schon das angekündigte Grundsätzliche an der Reihe, das selbstverständlich mit der geplanten Geburtstagsfeier und der dazu notwendigen Vereinsgründung zusammenhing. Sprecher war nicht, wie Leo erwartet hatte, die als Vereinsvorsitzende vorgesehene Hedwig, die von dem nächtlichen Ausflug eine Heiserkeit zurückbehalten hatte, sondern ihre Pflegetochter, an der der Hauptteil der Festvorbereitungen hängengeblieben war. Leo war mit der Gästeliste noch nicht weitergekommen, Fatima aber hatte schon eine Einladungskarte entworfen, auf der auch die Spendenaktion berücksichtigt war. Kleingedruckt war am unteren Rande der Karte zu lesen, dass die Gäste gebeten werden, anstelle von Blumen und Geschenken den FÖRDERVEREIN FLÜCHTLINGSKINDER mit einer Spende zu unterstützen. Fragezeichen deuteten die noch nicht vorhandene Kontonummer an.

Hedwig, die sich nur flüsternd verständigen konnte, fand es bezeichnend für ihren Bruder, dass er den Einladungsentwurf erst einmal problematisierte, ehe er ihm seine Zustimmung gab. Er mutmaßte nämlich, dass die Bitte um Verzicht auf Geschenke die Gäste eher verwirren als erleichtern werde, weil sie doch wohl kaum bei der Gratulationscour die Spendenbescheinigung vorweisen könnten, also mit leeren Händen kommen müssten, was ihnen doch sicher peinlich sei. Als Geschenkersatz einen Blumenstrauß zu wählen, würden sie nicht wagen, weil doch die Jubilarin in der stürmischen Phase ihres Lebens als Initiatorin einer Protestbewegung gegen die mit Ausbeutung und Umweltschädigung verbundene Einfuhr von afrikanischen Blumen für einige Wochen in den Schlagzeilen gewesen sei. Ihre schwarzgerahmten Plakate mit der Losung: Kauft keine Blutrosen! seien bei den älteren Gästen möglicherweise noch nicht vergessen, und die jüngeren hatten sicher von Hedys heldenhaftem Kampf gegen außereuropäische Rosen und Nelken schon einmal gehört. »Und trotzdem«, so schloss er seinen Einwand, den alle Anwesenden für überflüssig hielten, »bin ich dafür, die Bitte um Spenden stehenzulassen, weil sie uns vor einer Fülle unnützer Geschenke bewahrt.«

Fatima, die sich sonst immer über die gegenseitigen Sticheleien der beiden Alten amüsierte, fand sie heute fehl am Platze, weil es sich hier um so ernste und verzwickte Dinge wie die Vereinsgründung handelte, die rechtsgültig zu machen nicht einfach war. Als besonders schwierig hatte sich dabei erwiesen, die zur Gründung notwendigen sieben Personen zusammenzubringen, die das Gesetz befahl. Die Villa konnte doch nur vier volljährige Bewohner stellen, und im Dorf Mitstreiter zu finden, hatte Fatima vergeblich versucht. Immer hatte sie dort nur hören müssen, dass man mit Mitgliedschaften aller Art nur schlechte Erfahrungen gemacht habe und Fremde hier nicht brauchen könne, Arbeitslose habe man sowieso schon genug.

Auch Cornelia, der Fatima einst bei der Gewerbezulassung geholfen hatte, war als Mitglied nicht zu gewinnen gewesen, weil sie, wie sie erklärte, vom Wohlwollen ihrer Kundschaft abhängig sei. Sie selbst habe nichts gegen Ausländer, könne aber die Angst vor ihnen nicht vergessen, seit sie in der Kindheit hatte miterleben müssen, wie die Türken die vom Vater gekauften Rinder auf ihrem Hof ohne Betäubung geschächtet hatten. Als Kind eines Bauern sei sie wahrlich nicht verweichlicht gewesen, aber die Grausamkeit der schwarzbärtigen Männer habe ihr doch einen bleibenden Schock versetzt. Sie hatte Fatima aber auch geraten, sich statt an Einheimische doch lieber an Zugereiste zu wenden, an Grit Schmalfuß zum Beispiel, die sicher zustimmen werde, weil sie doch an den Leydenfrosts so interessiert gewesen sei.

Und Frau Schmalfuß hatte nicht nur ihre Mitwirkung versprochen, sondern auch die Werbung der noch fehlenden Gründungsmitglieder übernommen, und zwar mit Erfolg. Die Gründungsversammlung hätte also schon in den nächsten Tagen stattfinden können, aber leider habe Herr Dr. Schmalfuß einer Prostataoperation wegen ein Krankenhaus aufsuchen müssen und Herr Erwin Hoffmann, den Frau Schmalfuß auch habe gewinnen können, sei für einige Zeit dienstlich zu angespannt. Er sei nämlich, nachdem er die Aktion Neue Heimat, ANH, ins Leben gerufen und die hiesige Reithalle als Flüchtlingsheim angeboten hatte, von der Landesregierung zum Flüchtlingskoordinator auf Zeit (also ohne feste Anstellung) berufen worden, so dass er gleich nach den Feiertagen in Potsdam antreten müsse und noch nicht sagen könne, wann er wieder verfügbar sei.

Leo, der bei der Erwähnung der Journalistin ein halblautes »O weh!« von sich gegeben hatte, wusste nichts mehr zu sagen, als er nun auch noch hören musste, dass man in Erwin Hoffmann den rettenden Engel sah. Sein Zorn, den er vor Fatima nicht hatte äußern wollen, entlud sich erst, als er mit Tochter und Enkel wieder nach unten ging.

Warum sie Hoffmanns schlimme Vergangenheit und seine gegenwärtigen Aktivitäten vor ihm geheim gehalten habe, wollte er scharfen Tons von Wilhelmine wissen, worauf diese begütigend sagte: »Ich wollte dich schonen, Papa, wollte dir die Aufregung ersparen. Ich weiß doch, dass du im Grunde deines Herzens ein Rechter bist.«

Die fast schlaflose Nacht, die Leo erdulden musste, war besonders der Frage geschuldet, wie es hatte geschehen können, dass die von ihm zum selbständigen Denken erzogene Tochter sich so willenlos von gängigen Meinungen leiten ließ.

19.

Das nasskalte Wetter mit Regengüssen und Schneeschauern zog sich noch Tage und Wochen hin. Wenn es zwischendurch aufklarte, kam die Kälte wieder, verwandelte morgens die Chausseen in Eisbahnen und veranlasste die alten Leydenfrosts, erst gegen Mittag aus dem Hause zu gehen. Die Schneeglöckchen und Veilchen nahe der Hausstelle, die Hedwig fast täglich besuchte, trotzten der Kälte und Nässe genauso wie die Krokusse in den dörflichen Vorgärten, bei denen Leo oft stehen blieb. Er bewunderte die kräftigen Farben der gelben, blauen und weißen Blüten und fragte sich, inwieweit sich der Wandel des dörflichen Lebens auch an der Wahl des Blumenschmucks ablesen ließ. Früher, so glaubte er sich erinnern zu können, waren Frühblüher in den Bauerngärten seltener zu sehen gewesen. Neueren Datums waren auch die jetzt üblichen Rasenflächen, früher hatten sie dem Anbau von Kohl und Kartoffeln gedient.

Da Hedwig die Erfahrung gemacht hatte, dass ihr die warmen und blütenreichen Frühlingstage mit jedem Lebensjahr schneller zu vergehen schienen, war sie über das Andauern des Vorfrühlings mit seinen wachstumshemmenden Frostnächten froh. Vorfrühlingstage waren Hoffnungstage, und das Fehlen von Hoffnung war es, was ihr das Alter so finster werden ließ. Das nasskalte Wetter brachte sie zwar ständig zum Frieren, aber die Aussicht, noch einmal erleben zu können, wie sich nach den Schlehen, Pfirsichen und Pflaumen auch die Apfelbäume mit Blüten schmücken, um dann der duftenden Pracht des Flieders den Vorrang zu lassen, hauchten ihr in diesen Wochen etwas Lebensmut ein.

Sie entsann sich ihrer Kochkünste wieder, hatte Freude daran, die von der Arbeit kommende Fatima mit einer warmen Mahlzeit überraschen zu können, und trotz schlechten Wetters dehnte sie ihre Spaziergänge wieder aus. Statt von der Hausstelle aus zur Villa zurückzukehren, wählte sie Umwege, die sie bis an das Seeufer führten, wo der hohle Stamm einer uralten Weide, der ihr einst als sicheres Versteck gedient hatte, wie erwartet nicht mehr zu finden war. Auch die Dorfstraße und der Anger wurden nun wieder von ihr begangen, und wenn ihr dort, was selten vorkam, ein Fußgänger begegnete, konnte sie nicht gleich die passenden Grußworte finden, weil ihre Gedanken sie in das Wittenhagen des vorigen Jahrhunderts entführt hatten, als der Weg, den sie heute machte, ihr täglicher Schulweg gewesen war.

Seitdem sie ihre Kindheit nicht mehr mit der Schuld der verfluchten zwölf bösen Jahre belastet wähnte, konnte sie sich ohne Gewissensbisse an sie erinnern, und des seelischen Wohlseins wegen nahm sie auch vermutete Schönfärbereien leichten Herzens in Kauf. Auf ihren Wegen durch Wittenhagen konnte sie so in inneren Bildern einen Vorfrühlingsmorgen vor achtzig Jahren noch einmal erleben – einen Morgen, an dem die neun- oder zehnjährige Hedwig in erster Dämmerung durch einen Kuss der Mutter erwacht.

Seit zwei oder drei Stunden sind die Eltern schon auf den Beinen. Die Mutter hat das Geflügel aus dem Stall gelassen, die Kühe und Schweine gefüttert und für die Kinder Milchsuppe gekocht. Der Vater hat sich um seine geliebten Pferde gekümmert, und Anna, die Magd, hat gemolken und die Kannen bereits zur Milchbank an der Hofmauer getragen, wo der Molkereiwagen sie abholen wird. Hedwig löffelt in der Küche die Milchsuppe, weckt den kleinen Bruder und verstaut die Blechbüchse mit der Klappstulle in der Schulmappe, die außerdem nur einen Federkasten, ein Lesebuch und drei Schreibhefte enthält. Die lederne Brottasche, die fast alle anderen Schulmädchen tragen, wird von ihr verachtet, weil sie sie beim Rennen hindert und sie zu mädchenhaft aussehen lässt. Da man die Vordertür des Hauses nur feiertags für Besucher öffnet, muss sie hintenherum über den Gutshof laufen, der bis auf sein Zentrum, dem Misthaufen mit Jauchegrube, mit Feldsteinen gepflastert ist. Das Grunzen, Schnaufen und Quieken der immer hungrigen Schweine vermischt sich mit den Geräuschen, die eisenbeschlagene Pferdehufe auf Steinpflaster erzeugen, und mit den Kommandos, die der Vater den Pferden beim Anspannen erteilt. Senta, der Hofhund, der Hedwig auf allen ihren Streifereien begleitet, kann nicht begreifen, dass der Gang zur Schule ohne ihn stattfinden muss. Laut bellend zerrt er an seiner Kette, Hedwig streichelt ihn noch ein wenig, ehe sie eilends den Hof überquert. Der Vater, der mit seinem Arbeiter Fritz zusammen zum Pflügen aufs Feld fahren will, hat die Torflügel der Ausfahrt bereits geöffnet. Hedwig braucht also ihren halb hüpfenden Lauf am Tor nicht zu bremsen, und sie bremst ihn auch nicht auf dem zum Anger führenden Weg. Die Rüstern, die den Weg im Sommer beschatten, sind noch kahl wie im Winter, aber das Gras ist schon aufgeschossen, so dass auf den Wiesen bald auch mit den ersten wilden Narzissen zu rechnen ist. Die Dorfstraße mit ihrem einseitigen Kopfsteinpflaster ist belebt wie immer am frühen Morgen. Pferdewagen, mit Mist oder Ackergerät beladen, sind unterwegs zu den Feldern, Kühe werden zur Weide getrieben, und Schulkinder kommen in kleinen Grüppchen, Mädchen und Jungen getrennt. Am Anger trifft Hedwig auf ihre Freundinnen Elke und Anneliese, trennt sich aber am Dorfteich wieder von ihnen, wo sich die Enten der benachbarten Höfe im Gründeln üben und das frische Schilf unter dem Wasserspiegel schon hellgrüne Spitzen zeigt. Mit drei älteren Jungen zusammen hält sie nach Krebsen und Fröschen Ausschau, beeilt sich dann aber zur Schule zu kommen, vor deren Tür sie schon Herrn Clodius stehen sieht. Er wartet geduldig, dass sich die Schüler in Zweierreihe formieren und gibt dann den Weg in den Klassenraum frei. Hedwig gehört sowohl zu den besten als auch zu den unruhigsten seiner Schüler, so dass er sie häufig ermahnen muss. Dass der Lehrer mehr als einmal zu ihr sagte: An dir ist ein Junge verlorengegangen!, erfüllt sie mit Stolz.

Hedwigs Kindheitserinnerungen, die ihr in den letzten Jahren immer schärfer und genauer geworden zu sein schienen, hatten zur Folge, dass ihr jetzt die neue Dorfstraße mit ihrem Asphalt, ihren Bordkanten und Gehwegen fremd erschien. Fremd war ihr auch der Dorfteich geworden, weil ihm das Schnattern der Enten und Gänse fehlte und ihm der Kiesweg ein parkähnliches Aussehen gab. Alles war sauberer, moderner, vielleicht auch schöner geworden, Hedwig aber war es fremd geworden, als habe sie zu lange gelebt.

Leo, dem sie später andeutungsweise von diesen Eindrücken erzählte, pflichtete ihr mit spöttischem Lächeln bei. »Was du da beklagst, ist dein vielgepriesener Fortschritt, der für die menschliche Lebensspanne viel zu schnell geworden ist. Sich dem anzupassen ist nur ausgeprägten Mitläufertypen möglich. Anständig alt zu werden heißt, sich treu zu bleiben, also nicht mit der Hammelherde mitzugehen.«

Fatima, die, von der Arbeit kommend, den letzten Teil des vor der Haustür geführten Gesprächs mitbekommen hatte, war lange schon davon abgekommen, in die Kabbeleien der Alten einzugreifen. Sie sagte nur »Streitet ihr euch schon wieder?« und rückte dann gleich mit ihrer wichtigen Mitteilung heraus.

Auf dem Landratsamt war ihr zu Ohren gekommen, dass die geplante Hilfe für Flüchtlingskinder immer festere Formen annehme, was vor allem Herrn Hoffmann zu danken sei. Dessen Vorschlag, die ehemalige Reithalle zu einer Flüchtlingsunterkunft auszubauen und sie von seiner Firma AKTION NEUE HEIMAT verwalten zu lassen, sei von den zuständigen Ämtern genehmigt worden, die nötigen Gelder seien bereits angewiesen, in zwei Wochen könne der Bau begonnen werden – worauf Leo sagte: »Rechnen wir besser mit vier!«

20.

Als fünf Wochen später die Lastwagen mit Baumaterialien durch Wittenhagen rollten, waren die von Hedwig lange erwarteten Frühlingstage mit Blütenduft und sommerlichen Temperaturen von ihr kaum beachtet worden, weil ihre Aufmerksamkeit nur noch der Bautätigkeit galt.

Die Angestellten der Bau-, Ordnungs- und Flüchtlingsämter, die nacheinander zur Begutachtung des Projekts erschienen, mussten immer mit Hedwigs Begleitung rechnen, und auch die Architekten und Bauarbeiter blieben von ihren Kommentaren und Ratschlägen nicht verschont. Sie ließ sich, ohne zu protestieren, von den Leuten mit Oma anreden, wollte wissen, warum dieses getan und jenes gelassen werde, und wenn ihr bedeutet wurde, dass sie lästig falle, schien sie schwerhörig geworden zu sein. Nach Leos Worten konnte sich die Gebrechliche plötzlich »flink wie ein Wiesel« bewegen, und Fatima meinte: »Ihre beunruhigende Hinfälligkeit scheint nicht das Alter verursacht zu haben, sondern die Nutzlosigkeit.«

Auch Wilhelmine, die ihren Chef über den Fortgang der Arbeit informieren musste, war ab und zu auf der Baustelle zu finden, aber ihrer Überlastung wegen immer nur kurz. Da Erwin Hoffmann für die Genossenschaftsleitung noch keinen Nachfolger gefunden hatte, ließ er die Anweisungen für seine Leute von Wilhelmine ausrichten, die mehrmals täglich telefonisch mit ihm verbunden war. Auch die Verhandlungen mit den Kreisbehörden über die Gründung seiner Firma AKTION NEUE HEIMAT liefen bei ihr zusammen, so dass sie oft in die Kreisstadt fahren mußte und noch bis in die späten Abendstunden in ihrem Büro zu finden war. Obwohl Hoffmann sich neben seinen Aufgaben in Potsdam auch um die für Flüchtlingsheime erforderlichen Sicherheitsdienste kümmern musste, konnte er sich doch kurz vor Pfingsten freimachen, um an der Gründungsversammlung des Fördervereins teilzunehmen, zu der man in der Villa zusammenkam.

Sowohl die Begrüßung als auch die Leitung der Gründungsversammlung hatte Hedwig selbst übernommen und sich dabei als so munter und selbstsicher erwiesen, dass Leo Fatima zuflüsterte: »Achtung! Wir erleben hier die Wiederauferstehung der Politikerin Hedy mit!«

Ihre frei gehaltene Einführungsrede hätte sicher auch Frau Grünlichs Beifall gefunden, weil sie inhaltlich und rhetorisch ganz der Linie ihrer Partei entsprach. In höchsten Tönen, die nach Opposition klangen, verstand sie es nicht nur, die Flüchtlingspolitik der Regierung zu loben, sondern auch glaubwürdig zu machen, dass die unkontrollierte Aufnahme von Kriegs- und Wirtschaftsflüchtlingsmassen dem Staat nur Vorteile bringe, weil sie nicht nur den Mangel an Arbeitskräften und Geburten behebe, sondern es auch erreiche, dass unser gesellschaftliches und kulturelles Leben bunter und vielfältiger wird. »Der Förderverein, den wir heute ins Leben rufen und ihm viele Mitglieder wünschen«, so schloss sie ihre Ausführungen, »wird ein kleiner, aber nicht unwichtiger Baustein der Willkommenskultur sein.«

Fatima, die die gesetzlich vorgeschriebenen Regeln einer Vereinsgründung studiert und mit dem Juristen Dr. Schmalfuß besprochen hatte, wollte die Gründungsprozedur nach einer Stunde beenden, doch forderten Frau Schmalfuß und Herr Hoffmann, die auch zu Wort kommen wollten, noch eine Aussprache über Sinn und Zweck des Vereins.

Grit Schmalfuß wurde also Gelegenheit gegeben, noch einmal die politische Unreife des Ostens zu beklagen, und Erwin Hoffmann wies auf den Nutzen der Asylanten für die regionale Wirtschaft hin. »Ihre Unterbringung, ihre Verpflegung und die für ihren Schutz erforderlichen Maßnahmen«, sagte er eindringlich, »werden den Umsatz des mittelständischen Gewerbes steigern, halbleere Hotels können durch sie mit einem Schlag ausgebucht werden, Sicherheitskräfte müssen mehr Leute beschäftigen, und das Holzverarbeitungswerk der Kreisstadt hat, um nur ein Beispiel von vielen zu nennen, durch die

Steigerung des Bedarfs an Spanplatten zur Ausgestaltung der Unterkünfte seine Produktion schon jetzt ums Doppelte verstärkt.«

Der Vorschlag der Journalistin, die im Vereinsnamen genannten »Flüchtlingskinder«, die doch vielleicht in dem Wittenhagener Kontingent fehlen könnten, durch weniger spezielle Nennungen wie »Flüchtlinge« oder »Asylbewerber« oder »Neubürger« zu ersetzen, wurde von Erwin Hoffmann der geringeren emotionalen Wirksamkeit wegen abgelehnt. »Wenn wir darauf bestehen, dass uns Kinder zugeteilt werden, wird man uns das nicht verweigern können«, sagte er mit erhobener Stimme, und als Wilhelmine diese energisch vorgetragene Forderung beklatschte, stimmte die ganze Gründungsversammlung in die Beifallsbekundung mit ein. Nur Leo, der es nicht ertragen konnte, dass dieser Mann gefeiert wurde, stahl sich unbemerkt davon.

Wilhelmine, die nach Abschluss der offiziellen Sitzung noch miterlebte, wie klug und schlagfertig sich Herr Hoffmann beim Radio-Interview mit Grit Schmalfuß erweisen konnte, fand, nachdem sie ihren Chef noch bis zum Auto begleitet hatte, ihren Vater im Wohnzimmer vor. Schlecht gelaunt saß er am Fernseher, sah nicht auf, als sie hereinkam, und wünschte ihr, um sie loszuwerden, sofort eine gute Nacht.

Ihr aber war mehr nach Gesprächen zumute. Den Triumph, den Hoffmann hatte feiern können, hatte sie als Bestätigung ihrer Neigung empfunden, und da sie ihr Glück mit jemandem teilen musste, war sie auf Versöhnung mit ihrem Vater aus. »Was sagst du nun zu meinem Chef, Papa? Ist er nicht klug und liebenswert?«

»Geltungssüchtig ist er«, sagte Leo. »Einen ehemaligen Stasi-Häuptling liebenswert zu finden ist wirklich zu viel verlangt.«

»Aber, Papa, das ist schon ein Vierteljahrhundert her und betrifft übrigens auch deinen Sohn. Verdammst du auch ihn bis in alle Ewigkeit? Heute interessiert das alles doch nicht mehr. Jetzt steht der Feind rechts! Die Zeiten ändern sich, du aber siehst das nicht ein. Erwin, übrigens, hat für deine Haltung viel Verständnis, er findet sie rührend, wie er sagt: Ganz der gute Großvater aus dem Bilderbuch!«

21.

Da Vater und Tochter, aller Meinungsverschiedenheiten ungeachtet, Rücksicht aufeinander nahmen, wurde ihr Streit in den folgenden Tagen nicht fortgesetzt. Selbst als die Regionalzeitung die Gründung des »Förderverein FLÜCHTLINGSKINDER« als Beweis für die sich allenorts ausbreitende Willkommenskultur in die Hauptschlagzeile setzte und das Gespräch mit Erwin Hoffmann sogar in den Morgenmagazinen überregionaler Radiosender ausgestrahlt wurde, fiel über den Fall Hoffmann zwischen Vater und Tochter kein weiteres Wort. Wie zuvor lebte man abständig nebeneinander, ohne Zank, aber auch ohne Vertrautheit, obwohl Wilhelmine jetzt häufiger als früher Leos Hilfe in Anspruch nahm.

Seit Erwin Hoffmanns Berufung in die Landeshauptstadt, wo er ein Komitee namens »Herzlich willkommen!« zu leiten hatte, war Wilhelmine beruflich so stark belastet, dass sie ihren Vater oft bitten musste, um den Schultransport ihres Sohnes besorgt zu sein. Zwar hatte Walter sich schon lange daran gewöhnt, mit dem Schulbus oder im Sommer mit dem Rad zu fahren, aber an Nachmittagen mit Arbeitsgemeinschaften oder Fußballtraining musste er, da kein Bus mehr fuhr, von seiner Mutter abgeholt werden. Da diese jetzt aber oft in stundenlangen Telefongesprächen die landwirtschaftlichen und kaufmännischen Instruktionen ihres Chefs entgegenzunehmen hatte, wurde sie häufig durch ihren Vater ersetzt.

Leo war nie gern mit dem Auto gefahren und deshalb ein unsicherer Fahrer geblieben, der sich nach jeder Tour freute, ohne Schaden angerichtet zu haben, wieder zu Hause zu sein. Die nun notwendig werdenden Fahrten machten ihn nicht nur zum routinierteren Fahrer, sondern auch zum besseren Großvater, weil ihm sein Fahrdienst nach einigen Wochen mehr und mehr Freude machte und er dem Enkel nähergekommen war.

Aus dem blassen, verzärtelten Knaben, dem Stubenhocker und Computer-Narren, war ein ansehnlicher Jüngling geworden, oder auch, wie man jetzt sagte, ein junger Mann. Er konnte mit seinem Großvater in verständlichen Sätzen reden, ohne mit Modewörtern wie geil, super, total oder fetzig seine Jugendlichkeit beweisen zu wollen, konnte ihm die Funktionsweise des Autos und des Mobiltelefons erklären, war in der Straßenverkehrsordnung bewandert und gehörte, was den Großvater besonders für ihn einnahm, zur Gemeinde der Bücherleser, die sich nach Leos Erfahrung in erschreckendem Maße zu verringern schien. Sein Hauptinteresse galt weder den elektronischen Geräten, die er sicher bedienen konnte, noch den Fußballidolen, die von seinen Schulkameraden angehimmelt wurden, sondern der deutschen Geschichte, über die er, wie er bemängelte, in der Schule zu wenig erfuhr. Mit der Kritik am Geschichtsunterricht, den er zu oberflächlich und zu einseitig nannte, gewann er vollends seines Großvaters Herz.

An einem verregneten Tag Ende Mai, als Walter in Leos Büchern nach neuem Lesestoff suchte, kam er überraschend auf das Ehepaar Schmalfuß zu sprechen und wollte wissen, was sein Großvater von diesen Westleuten hielt. Auf Leos ausweichende Antwort folgte eine lange Pause und dann, immer wieder stockend, die Beichte seines Liebeskummers, der durch die angeblich zauberhaft aussehende Schmalfuß-Tochter Annalena ausgelöst worden war. Da sie nicht Walters Klasse, sondern einer unteren angehörte, war es schwierig für ihn, sie näher kennenzulernen, und da seine Annäherungsversuche auf dem Schulhof, wo immer Freundinnen sie umgaben, fehlgeschlagen waren, hätte er sie eigentlich schon lange aufgeben müssen, das aber gelang ihm nicht. »Von früh bis spät muss ich an sie denken. Ich könnte wahnsinnig darüber werden. Dabei kenne ich sie doch gar nicht. Ich weiß nur, wie sie aussieht, wie sie spricht und sich bewegt, sonst aber nichts.«

Leo, den dieser Vertrauensbeweis des Jungen mit Stolz erfüllte, glaubte, ihn auf die Wesensähnlichkeit von Enkel und Großvater zurückführen zu können.

Konnte doch niemand mehr Verständnis für den unglücklich Verliebten haben als er, dem damals Ähnliches widerfahren war. Hilde hatte sie geheißen, und er war so verrückt nach ihr gewesen, dass sein Verstand wie ausgeschaltet war. Da ihm gute Ratschläge damals nicht hätten helfen können, gab er jetzt auch dem Jungen keine, sondern erzählte, wie es ihm mit sechzehn Jahren ergangen war: Da hatte der Kummer erst ein Ende mit der Erkenntnis gefunden, dass er nicht einem realen Mädchen gegolten hatte, sondern einem nach eignen Bedürfnissen geformten Bild.

Während Walter dieses Thema in den folgenden Tagen nicht mehr berührte, war Leo mit ihm noch lange beschäftigt, da ihm sein Reagieren nachträglich egomanisch erschien. Hatte er doch, vom Gedanken der Wesensähnlichkeit geschmeichelt, nur von sich selbst geredet, statt dem Jungen Gelegenheit zu geben, mehr von sich preiszugeben, was doch bekanntlich erleichternd wirkt. Besser, als vom Vergehen eines Wunschbildes zu reden, wäre sicher gewesen, dem Schüchternen Mut zu machen und ihm zu sagen: Gib die Hoffnung nicht auf!

Die Gelegenheit, sein möglicherweise falsches Reagieren wiedergutzumachen, schien ihm am Nachmittag eines Frühsommertages gekommen, als Walter wieder einmal aus der Kreisstadt abzuholen war. Seiner guten Englischnoten wegen war er zur Teilnahme an einer sogenannten »Multikulti-Kaffeetafel« auserwählt worden, nach deren Ende kein

Schulbus mehr zu erreichen war. Telefonisch hatte er seine Mutter um Abholung gebeten, für die aber, da sie ihr Büro nicht verlassen konnte, wieder einmal ihr Vater eingesprungen war.

Da die Willkommensveranstaltung mit Kaffee und Kuchen, die die Bürgermeisterin zur Chefsache gemacht hatte, im Rathaus ausgerichtet wurde, hatte Walter als Treffpunkt den Marktplatz vorgeschlagen, den Leo aber mit dem Auto nicht anzusteuern wagte, weil seine mangelhafte Fahrpraxis den Einbahnstraßen, Ampeln und Kreiseln der Altstadt nicht gewachsen war. Er parkte also wie gewohnt am Gymnasium, dem imposantesten Backsteingebäude der Vorstadt, das zu Kaisers Zeiten als Kaserne für eine berittene Truppe erbaut worden war. Nach dem Kriege hatte es für ein knappes halbes Jahrhundert die sowjetische Garnison beherbergt, bis es nach dem Abzug der Russen durch Sanierung und innere Umbauten zum Gymnasium veredelt worden war. Vom dortigen Parkplatz aus war er zu Fuß in wenigen Minuten an der Stadtmauer und damit auch gleich in der Altstadt, deren mittelalterliche Anlage mit ihrem Gitterwerk schmaler Straßen um Kirche und Marktplatz trotz Kriegszerstörung und Sozialismus erhalten geblieben war.

Jeder Aufenthalt in der Kreisstadt war für Leo mit dem Besuch der Marienkirche verbunden, deren mächtiger Bau alle Häuser der Stadt überragte und, obwohl nicht direkt am Marktplatz gelegen, diesen doch zu beherrschen schien. Für ihn war sie lebenslang Wahrzeichen der Stadt gewesen, das von weit her schon zu sehen war. In Vorkriegszeiten hatte er sich hier manchmal an der Seite seiner Eltern in Gottesdiensten langweilen müssen, doch war ihm davon nur in Erinnerung geblieben, wie schwer im Menschengedränge ein Sitzplatz zu finden gewesen war. Genau aber konnte er sich an die eindrucksvolle Ruine erinnern, die in den Nachkriegsjahren das Stadtbild bestimmt hatte, bis dann in Etappen, die teilweise Jahrzehnte auseinanderlagen, der Wiederaufbau begonnen hatte, der im Innern noch immer nicht abgeschlossen war.

Diesmal aber musste Leo auf den gewohnten Gang zum Kirchplatz verzichten, weil die Veranstaltung früher als erwartet geendet hatte und Walter bereits wartend vor dem Rathaus stand. Auf dem kurzen Weg in die Vorstadt konnte Leo nun von seinem ungewohnt lebhaft redenden Enkel erfahren, dass auch Annalenas Mutter einer geplanten Radioübertragung wegen bei der Kaffeetafel erschienen war. Da Walter Ähnlichkeiten mit der Tochter an ihr zu erkennen geglaubt hatte, war er ihr gegenüber kaum eines Wortes fähig gewesen, sie aber hatte ihn aufgefordert, ein paar Worte über den Wittenhagener Förderverein ins Mikrophon zu sprechen, und dann hatte sie Grüße an Großtante und Großvater bestellt.

Weniger lebhaft, eher widerwillig, ließ sich Walter im Auto zu Auskünften über die Kaffeetafel verleiten, die offensichtlich weder nach seinen Wünschen noch nach denen der Veranstalter geraten war. Mit seinen

Englischkenntnissen war er nicht zum Zuge gekommen, weil die jungen Afghanen und Schwarzafrikaner, die in der Mehrzahl waren, Englisch so wenig wie Deutsch verstanden, und die beiden anwesenden Syrer ein Englisch sprachen, von dem Walter wenig verstand. Die Torten waren schnell alle geworden, ein Gespräch aber war nicht zustande gekommen, weshalb die Bürgermeisterin, die sich als die einzige Frau in der Runde sowieso schon unwohl gefühlt hatte, immer verzweifelter geworden war. Ihr Vorschlag, »die völkerverbindendende Musik walten zu lassen«, sich also durch Gesang näherzukommen, führte dann schließlich Walters Blamage herbei. Jeder sollte nämlich ein Volkslied seiner Heimat singen, doch alle Lieder, die Walter kannte, wurden in englischer Sprache gesungen. Er sagte Song dazu.

Um sich bei seinem Versagen nicht länger aufzuhalten, verärgerte er den Großvater mit der Behauptung, dass der Begriff Volkslied doch politisch anrüchig sei. Ihm war nämlich beigebracht worden, dass die Aufschrift »Dem deutschen Volke« am Gebäude des ehemaligen Reichstags völlig veraltet sei. Um keinen in der Fremde Geborenen auszugrenzen, müsse es »Der Bevölkerung Deutschlands« heißen. Anscheinend, so meinte er altklug, sei die Bürgermeisterin mit ihren Volksliedern nicht auf der Höhe der Zeit.

»Genau wie dein Großvater«, sagte Leo. »Und du kennst wirklich kein Volkslied?«

»Woher denn? Zu Hause hat mein Vater nur sozialistische Kampflieder gesungen, und in der Schule ist der Begriff nur einmal gefallen, als es um Heine ging. Dessen ›Lorelei‹ sei damals zum Volkslied geworden, aber das ist bald zweihundert Jahre her. Heute ist es doch vergessen, oder hast du es schon einmal in deinem geliebten Radio gehört?«

»Da hast du recht. Wenn es kein Volk mehr gibt, kann es auch keine Volkslieder mehr geben.«

»Das sage nicht, Großvater, auch Rassen gibt es nicht mehr, wohl aber Rassisten.«

»Mit Logik«, sagte Leo, der selbstschmeichlerisch meinte, die Schlagfertigkeit des Enkels auf den Einfluss des Großvaters zurückführen zu können, »mit Logik darfst du den Sprachreglern nicht kommen, da bist du gleich unten durch. Angesagt ist Linientreue, die man heute Korrektheit nennt. Logik oder gar Sprachbewusstsein gelten dagegen nichts.«

22.

Da den Medien zufolge in ganz Deutschland große Begeisterung über die Ankunft der vielen Fremden aus Asien und Afrika herrschte und viele ehrenamtliche Betreuer bereit waren, sie festlich willkommen zu heißen, hatte es die Kreisverwaltung nicht für nötig befunden, die zur Unterbringung der Flüchtlinge bestimmten Ortschaften auf den Bevölkerungszuwachs einzustimmen, der Förderverein FLÜCHTLINGSKINDER aber hatte diese Notwendigkeit schon bei seiner Gründungsversammlung erkannt. Nach telefonischer Rücksprache mit der Bürgermeisterin war also eine Einwohnerversammlung zu diesem Thema beschlossen worden, deren Leitung Grit Schmalfuß anvertraut worden war. Da das Dorf über keinen geeigneten Saal verfügte, wohl aber genügend Bänke vorhanden waren, wurde zum Ort der Versammlung der Gutshof erwählt.

Wie Leo nach Gesprächen im Frisiersalon schon erwartet hatte, waren, trotz reichlicher Plakatierung, nur fünf Personen gekommen, die sich von Frau Schmalfuß angesprochen fühlen konnten, als sie ihre Rede mit den Worten: »Liebe Einwohner und Einwohnerinnen von Wittenhagen« begann. Der Beifall für ihre eindringlichen Worte, die neben der humanitären Verpflichtung auch deren Nutzen für Wirtschaft und Kultur behandelten, kam nur von der ersten Bankreihe, wo die Förderkreismitglieder und zwei Angestellte des Landratsamts saßen. Auf der letzten Bank dagegen, auf die sich die fünf Dorfleute zurückgezogen hatten, regte sich keine Hand und später, als die Diskussion eröffnet wurde, auch kein Mund.

Schweigend, wie die Wittenhagener gekommen, gingen sie auch wieder, was Frau Schmalfuß so deprimierte, dass Leo sich verpflichtet fühlte, sie wieder etwas aufzurichten, indem er anerkennend über die Prägnanz ihrer Rede sprach. Er konnte es aber nicht unterlassen, auch eine Bemerkung über ihren Korrektheitswahn einzuflechten, den er in ihrer Art, die Wittenhagener anzureden, zu sehen meinte. Um seiner Kritik eine spaßige Note zu geben, fiel ihm dazu das kindliche »doppeltgemoppelt« ein.

Ob sie unter den Begriffen *Fußgänger*, *Preisträger* oder *Staatsbürger* nur die männlichen Exemplare verstehe, wollte er von ihr wissen, und als sie das überrascht verneinte, fragte er: »Und die Einwohner? Machen die eine Ausnahme? Als Sie sie in Ihrer Rede liebe Einwohner und Einwohnerinnen nannten, haben Sie die Frauen doch doppelt begrüßt. Darf man fragen, warum?«

Obwohl Leo versucht hatte, so viel Sanftheit wie

möglich in seine Stimme zu legen, war der darunter brodelnde Ärger doch deutlich zu spüren, so dass Frau Schmalfuß ein wenig erschreckt wurde und verdutzt sagte: »Das gehört sich doch so!« Erst als ihr klar wurde, dass der alte Herr ihr ernsthaft Vorwürfe machte, versuchte sie ihm klarzumachen, dass man sich heutzutage an der Gender-Wissenschaft orientiere, durch die der Vorherrschaft des Mannes der Todesstoß versetzt worden sei. Ihr kleiner Vortrag, in dem sie besonderen Wert auf die korrekte Aussprache des *Gender Mainstreaming* legte, bot Leo zwar wenig Neues, entfachte in ihm aber den Widerspruchsgeist.

»Diese Phantastereien ernst nehmen zu sollen ist wirklich zu viel verlangt«, sagte er ungewollt aggressiv. Die Sache war ihm eigentlich zu lächerlich, um darüber zornig werden zu können, aber über die satirischen Töne, die dazu passend gewesen wären, verfügte er leider nicht. Er konnte nur versuchen, nicht zu heftig zu werden, als er fortfuhr, der Journalistin klarzumachen, dass das sogenannte Gendern sowohl den Naturgesetzen als auch der Lebenserfahrung jedes halbwegs vernünftigen Menschen widerspricht. »Um an die Behauptung der Genderianer glauben zu können, dass Mädchen und Jungen nicht als solche geboren, sondern erst zu solchen erzogen werden, müsste ich nicht nur beim Anblick von Babys dem Augenschein misstrauen können, sondern auch die Erfahrung ignorieren, wie unabhängig von aller Erziehung die gegenseitige Anziehungskraft der Geschlechter wirkt.«

»So plump biologisch ist die Geschlechtszuweisung durch Erziehung nicht gemeint, mehr in übertragenem Sinne.«

»Durch Übertragung ins Gewünschte offensichtlich, ungestört durch lästige Realität.«

»Von der Gleichberechtigung der Geschlechter halten Sie also nichts?«

»O doch! Davon halte ich viel, auch ohne Gender-Märchen, das wohl nicht ihretwegen erfunden wurde, sondern zum Nutzen der manchenorts noch immer verfolgten Homosexualität. Ihre lobenswerte Absicht, diese Minderheit vor Anfeindungen zu bewahren, muss man ihr also zugutehalten, auch wenn man ihre Argumente für unsinnig hält. Achtung der Minderheit ist aber auch ohne theoretische Verrenkungen möglich und nötig. Mir ist sie immer selbstverständlich gewesen, es sei denn, sie macht, wie leider zu häufig, um ihre Neigung zu viel Geschrei. Das aber ist mir auch bei der Mehrheit zuwider. Intimitäten sehe ich gern als solche gewahrt.«

»Wenn Sie tatsächlich, wie Sie sagen, die Gleichberechtigung der Frauen wollen, warum wehren Sie sich dann aber dagegen, ihre Anerkennung auch sprachlich hervorzuheben?«

»Weil sie unnötig ist und die Präzision der Sprache verdirbt. Meinetwegen sollen die Gender-Fanatiker ihrem Wunderglauben an die Geschlechtsbestimmung durch Erziehung weiterhin huldigen, ich aber will daran nicht glauben müssen und feststellen dürfen, dass nach wie vor nur die Frauen durchs Kindergebären den menschlichen Fortbestand sichern und dass keine sprachliche Überbetonung des Weiblichen die Gleichberechtigung weiterbringt.«

»Da die Sprache noch immer die Vorherrschaft des Mannes widerspiegelt, muss sie verändert werden. Ich weiß nichts, was dagegen spricht.«

»Dagegen spricht«, antwortete Leo, dessen Stimme nun jeden Anflug von Sanftheit verloren hatte, »die schlechte Erfahrung, dass die Sprache durch ideologische Eingriffe viel an Verständlichkeit, Prägnanz und Schönheit verliert! Jeder Sprachbewusste muss zwangsläufig zum Gender-Gegner werden und jenen europäischen und deutschen Behörden den Kampf ansagen, die die Sprachverrenkungen der Gender-Vertreter amtlich gemacht haben, mit dem Ergebnis, dass sich die Behördensprache noch weiter als gewöhnlich von der Alltags- und Literatursprache entfernt.«

Ohne die grimmige Miene seiner um den Förderverein besorgten Schwester zu beachten und seine Kontrahentin noch einmal zu Wort kommen zu lassen, dozierte er nun erhobenen Tons weiter, wobei er den nichtigen Anlass des Streits ganz vergaß: »Die Behauptung der Sprachverderber, dass der *Esser*, *der Einwohner* oder *der Raucher* die essenden, einwohnenden und rauchenden Frauen unberücksichtigt lasse, ist so unsinnig, als behauptete man, *die Person* bezeichne nur Frauen oder *die Gemeinschaft* unterschlage die Männer in ihr. Offensichtlich ist den Schöpfern der sogenannten geschlechtergerechten

Sprache noch nicht aufgefallen, dass das grammatische Geschlecht in unserer Sprache nicht immer auch das biologische meint. Auch Ihr Kopf, liebe Frau Schmalfuß, ist grammatikalisch männlich, und der Landrat, der mit dem vorgeschriebenen *Liebe Bürgerinnen und Bürger* die weiblichen Bürger mit doppelter Anrede würdigt, hat eine grammatikalisch weibliche Prostata im männlichen Leib.«

Hedwig, die den Streit »bloße Wortklauberei« nannte und ihn beizulegen versuchte, grollte ihrem Bruder, Fatima dagegen, die Leos Sprachempfindlichkeit teilte, war drauf und dran, seine Partei zu ergreifen, unterließ es aber Hedwigs wegen, die von dem unglücklichen Verlauf der Versammlung sowieso schon enttäuscht worden war. Sie machte also dem Streit ein Ende, indem sie um die abschließende Beratung über das weitere Vorgehen in der Flüchtlingsfrage bat.

Leo aber ließ sich ein Schlusswort nicht nehmen. »Als geschlechtergerecht kann doch wohl auch nicht gelten, dass das sogenannte Gendern bei negativ besetzten Benennungen unterbleibt. Bei *Betrügern*, *Gewalttätern* oder *Trickdieben* hat noch keine Gender-Professorin Klagen über die Unterschlagung der Frauen verlauten lassen, und noch nie ist bemängelt worden, dass die Ministerin, die ihre Doktorarbeit irgendwo abgeschrieben hatte, in dem Begriff *Plagiator* angeblich ungenannt untergeht.«

»Auf meinem Begräbnis«, so schloss er seine Klage, »wünsche ich mir eine Pastorin, die bei der

Anrede der Trauergäste auf die korrekten *-gästinnen* verzichtet, das Vaterunser nicht in einer geschlechtergerechten Verfälschung betet und beim üblichen Lob des Verstorbenen dessen Trauer über die Vergewaltigung seiner Muttersprache nicht zu erwähnen vergisst.«

Später, auf dem Heimweg zur Villa sagte Hedwig zu ihrem Bruder: »Den Erregungszustand, mit dem du vorhin die arme Frau Schmalfuß erschrecktest, kann ich mir nur dadurch erklären, dass du die heutige Welt nicht mehr verstehst, vielleicht auch nicht verstehen willst.«

23.

Die Fertigstellung des Reithallenumbaus sollte ursprünglich nur im Kreise von Bauherren und Bauarbeitern gefeiert werden, da Grit Schmalfuß aber eine Notiz darüber in die Presse gebracht hatte, meldeten sich in den nächsten Tagen auch Medienvertreter zur Teilnahme an. Wilhelmine, bei der die Anmeldungen zusammenliefen, weil sie auch das Sekretariat der Firma AKTION NEUE HEIMAT übernommen hatte, musste nicht nur die Gästeliste ständig erweitern und ihrem Chef nach Potsdam faxen, sondern auch dafür sorgen, dass der Vorrat an Wein, Wasser und Salzgebäck ausreichend war.

Als Wilhelmine unter den Anmeldungen auch die eines »Film-Teams Borkowski« entdeckte, sagte sie abends zu ihrem Vater: »Bei der Einweihungsfeier wird uns wahrscheinlich auch Luise wieder beglücken, bestimmt aber ihr Göttergatte, der, wenn ich mich richtig entsinne, nicht gerade der liebste deiner Verwandtschaft ist.«

Luise hatte nämlich in jungen Jahren einen in der Filmbranche tätigen Borkowski geheiratet, dem

Wilhelmine damals an der Seite ihres Mannes manchmal auf Staats- und Parteiempfängen begegnet war. Der Schwager hatte sie dort aber immer nur flüchtig begrüßen können, weil seine »Filmbrigade Roter Oktober« für die offizielle Bildberichterstattung verantwortlich gewesen war. Wegen Borkowskis vertrautem Umgang mit höheren Parteifunktionären und Ministern, von denen er einige sogar duzte, war Wilhelmines Mann an der Intensivierung dieses Verwandtschaftsverhältnisses interessiert gewesen, aber dazu hatte es Borkowski nicht kommen lassen, der Parteischuldirektor Kunze war ihm anscheinend nicht prominent genug.

Der Kontakt zwischen den Schwestern war damals noch rege gewesen, oft hatten sie sich ohne Ehemänner im Café Moskau getroffen und sich gegenseitig ihr Leid geklagt. Luise besonders hatte der vielen Affären ihres Mannes wegen manche Träne vergossen, ihrer Villa im idyllischen Hessenwinkel wegen aber nie an Scheidung gedacht. Erst mit dem Ende des sozialistischen Staates hatte ihr unglückliches Wohlleben sein Ende in einer Plattenbauwohnung gefunden, weil die Villa in Hessenwinkel dem rechtmäßigen Eigentümer zurückgegeben worden war. Da Wilhelmine in dieser Zeit ihren Mann verloren und Zuflucht beim Vater in Wittenhagen gefunden hatte, war die Verbundenheit der Schwestern fast zum Erliegen gekommen, sie hatte sich auf gelegentliche Telefonate beschränkt.

In Wittenhagen hatte sich Borkowski nur einmal,

kurz nach der Wende, sehen lassen, war aber nach zwei Stunden wieder abgefahren, weil sein Schwiegervater ohne Verständnis für seine Trauer über das Ableben des sozialistischen Staates gewesen war. Nach heftigem Streit war er abgefahren und hatte seinen Schwiegervater seitdem nicht mehr besucht. Wilhelmine aber hatte später von Luise telefonisch erfahren können, dass sie jetzt ein geräumiges Haus in Müggelseenähe bewohnen konnte, weil Borkowski wieder im Filmgeschäft tätig war.

Die Feier, mit der die Reithalle als Flüchtlingsunterkunft eingeweiht wurde, fand an einem Vormittag Ende Juni statt. Der Gutshof, über den sonst Landmaschinen und Traktoren rollten, war zum Parkplatz von Personenwagen geworden, unter denen ein grellroter Kleinbus mit der Aufschrift »Film-Team Borkowski« besonders auffallend war. Mit ihm waren vier Männer gekommen, die mit ihren Kameras Unruhe in die Feierstunde brachten, weil sie ständig umherliefen, den Rednern auf den Leib rückten und die aus der Kreisstadt hierher transportierten Schulkinder verunsicherten, die ein kleines Bühnenstück mit dem Titel »Nothilfe« aufführten, das dem Lehrer, der es verfasst und inszeniert hatte, sehr krippenspielähnlich geraten war. Den in Lumpen gekleideten Flüchtlingskindern, die in einem halbzerschossenen Schuppen untergekommen waren, wurde von einem größeren Mädchen namens Angela die frohe Botschaft verkündet, dass Deutschland sie aufnehmen werde. Der Schlusschor, der »Wir schaffen das!« intonierte, war unter dem tosenden Beifall kaum zu verstehen.

Borkowski war nicht mit seiner Mannschaft im Bus, sondern im eignen Auto gekommen und hatte auch seine Frau Luise bei sich, die, wie Wilhelmine meinte, ein wenig zu füllig geworden war. Auch ihr einst schlanker Mann, der früher, wie er selbst von sich sagte, jede Schauspielerin *rumgekriegt* oder *flachgelegt* hatte, war rundlich geworden, und sein Doppelkinn, das ihn besonders entstellte, wurde von dem Dreitagebart, den er sich neuerdings hatte wachsen lassen, mehr hervorgehoben als verdeckt. Unverändert aber war sein Selbstbewusstsein geblieben, das er an der Familienkaffeetafel, zu der Wilhelmine und ihr Vater nach der Feier gebeten hatten, mit jedem Wort und jeder Geste zu betonen verstand.

Des sonnigen Junitages und der Aussicht wegen hatte man für das Familientreffen die offene Veranda von Hedwigs Wohnung gewählt. Hedwig selbst hatte nicht teilnehmen können, weil sie mit Erwin Hoffmann noch über Schutz und Verwaltung der Flüchtlingsunterkunft reden musste, Fatima nahm ihre Stelle als Hausherrin ein. Neben Borkowski und seiner Frau waren auch die vier Männer seines Teams gekommen, die wie er etwa sechzigjährig waren und nicht weniger selbstbewusst. Nachdem sie die Aussicht bewundert und den Kuchen gelobt hatten, begannen sie untereinander ein kurzweiliges, oft von Gelächter unterbrochenes Gespräch zu führen, in dem mitzureden den zu Zuschauern degradierten

Gastgebern nicht möglich war. Ihr Plaudern mit verteilten Rollen, das sich vorwiegend um Klatsch aus ihrer Vergangenheit drehte, sollte offensichtlich den Zuhörern demonstrieren, dass die nun wieder prominent gewordene alte Mannschaft früher noch großartiger als heute gewesen war.

Um ihre geliebte Filmarbeit machen zu können, waren sie damals alle Parteigenossen geworden, hatten also im politischen Sinne links gestanden, sich aber um die spießige Moralauffassung der vergreisten Parteiführung wenig geschert. Die sexuelle Freizügigkeit, die sie praktiziert hatten, war, wie sie betonten, zukunftsweisend gewesen, den West-Linken waren sie in dieser Hinsicht ebenbürtig gewesen, wenn nicht gar etwas voraus. Die von ihnen belachten Anekdoten handelten meist von Schauspielerinnen, die ihre Filmkarrieren angeblich *erschlafen* hatten. Die Vergangenheit schien für sie ein einziges Lustspiel gewesen zu sein.

Ihre dokumentarische Filmarbeit von damals, so ließen sie wissen, hatte man zwar kurz nach der Wende geglaubt verdammen zu müssen, da sie jedoch immer dem Frieden, dem Antifaschismus und Internationalismus gedient hatte, schien jetzt ihre verspätete Anerkennung nicht mehr fern. Auch ihr damals erprobtes Überlebenstraining bei politischen Wechselbädern zahle sich, wie sie erklärten, unter den neuen Bedingungen aus. War es damals darum gegangen, von der deutschen Einheit blitzschnell auf die sozialistische Kleinnation umzuschalten, so war es nach der Wende geboten, so rasch wie möglich das Rühmen der D-Mark auf den Euro zu übertragen und von der Nation auf Europa überzugehn. Als sie dann auch noch dokumentarfilmisch nachweisen konnten, dass die unkontrolliert über die Grenze gekommenen Flüchtlingsströme nicht Belastung, sondern Gewinn für Deutschland gewesen waren, konnten sie mit vollem Recht konstatieren: ihre Ankunft im Heute sei glänzend geglückt.

Leo, der zwar über einige wirklich witzige Bemerkungen der Filmleute lachen musste, war ihrer Selbstdarstellung aber vorwiegend mit leichtem Widerwillen und starker Befremdung gefolgt. Dass seine Tochter es in diesem Milieu aushalten konnte, war ihm unbegreiflich. »Hoffentlich leidet sie wenigstens darunter«, dachte er.

Ihretwegen hätte er eigentlich auch das Kreuz auf sich nehmen müssen, dem Schwiegersohn beim Abschied das Du anzubieten, da dieser es aber nach einem Telefongespräch plötzlich eilig hatte und sich von der Gesellschaft nach Kneipensitte mit einem Schlag auf die Tischplatte verabschiedete, löste das Problem sich von selbst.

24.

Der Einzug der Flüchtlingskinder in die jetzt als *vorläufige Unterkunft* bezeichnete Reithalle war für den 29. Juni angekündigt worden, am Morgen dieses Tages aber ließ der Flüchtlingsbeauftragte des Landkreises telefonisch melden, dass die Einweisung leider noch nicht möglich sei. Wilhelmine, die als Sekretärin der AKTION NEUE HEIMAT (ANH) den Anruf entgegenzunehmen hatte, konnte weder den Grund der Verzögerung erfahren noch einen neuen Termin.

»Uns soll es nur recht sein!«, sagte Erwin Hoffmann, als er von dieser Panne hörte. Ihm fiel es leicht, sich in Geduld zu fassen, denn die Finanzierung seiner ANH aus öffentlichen Geldern war bereits angelaufen, obwohl die einzige Leistung seiner Firma bisher nur in der Objektbewachung bestand. Die unbewaffneten Wachleute, die von Herrn Kulicke befehligt wurden, trugen uniformähnliche Jacken, auf denen in großen Buchstaben »Security W.« (für Wittenhagen) zu lesen war.

Hedwig, die wenig später von ihrem Bruder über

die Verzögerung informiert wurde, nannte sie: »Ein böses Omen!«, und der Ton, in dem sie das sagte, hätte nach Leos Meinung besser zu Kriegsausbrüchen oder Weltuntergängen gepasst. Ihr war die Enttäuschung also deutlich anzumerken, er aber, dem auch das völlige Scheitern des Vorhabens nicht unlieb gewesen wäre, begrüßte im Stillen die Schonfrist, die nun unerwartet gewährt wurde, sagte aber tröstend zur Schwester: »Was lange währt, wird endlich gut!«

Daran aber konnte Hedwig nicht glauben. Als ihr Bruder sie einige Tage später besuchte, um mit ihr eine letzte Entscheidung über die Liste der zum Geburtstag einzuladenden Personen zu treffen, fand er sie in trauriger Verfassung vor. Mühsam erhob sie sich von ihrem Platz am Fenster, wo sie anscheinend untätig gesessen hatte, fragte, ob es schon neue Nachrichten über die Belegung der Reithalle gebe, und als das von Leo verneint werden musste, versuchte sie, Interesse für die Gästeliste zu zeigen, aber auch das fiel ihr sichtlich schwer. Sie, die sonst an allem, was Leo sagte, etwas auszusetzen hatte, war mit allen seinen Einladungsvorschlägen einverstanden, und auch seiner Ermahnung, es sei Zeit, die Einladungen zur Post zu geben, stimmte sie kopfnickend zu.

Von ihrem Wohlbefinden der letzten Wochen, in das sie die Aussicht auf die hilfsbedürftigen Kinder versetzt hatte, war, wie Leo mit Erschrecken bemerkte, nichts mehr übriggeblieben, mit der wunderbaren Verjüngung, die Fatima an ihr hatte feststellen wollen, war es jetzt plötzlich wieder vorbei.

Die lebhafte alte Dame, die beim Umbau der Reithalle von früh bis spät hatte auf den Beinen sein können, war wieder zur Greisin geworden, die sich kaum noch auf den Beinen hielt. Sie litt wieder unter schlaflosen Nächten, war tagsüber müde und verließ kaum noch das Zimmer, wo sie stundenlang müßig saß. Leo, den der Gedanke quälte, dass sich so vielleicht der endgültige Verfall bei ihr anbahne, war bemüht, keine Besorgnis anklingen zu lassen, als er sagte: »Was dir fehlt, ist vor allem Geduld. Bedenke doch bitte, dass in dem Chaos, das durch die Völkerwanderung verursacht wurde, eine Panne wie diese nicht zu vermeiden ist.«

»Mag sein«, sagte Hedwig, »aber ein böses Omen ist es doch.«

Leo, der schon ihre scheinbare Verjüngung in der Umbauphase mit Besorgnis betrachtet hatte, wagte es weder an diesem noch an den folgenden Tagen, ihr ehrlich zu sagen, dass er ihre Hoffnungen, wieder mütterlich für kleine Kinder sorgen zu können, überhaupt für trügerisch hielt. Sie lebte in der Erwartung, das Glück, das sie einst in der Betreuung der kleinen Fatima gefunden hatte, jetzt vervielfacht wiederholen zu können, Leo aber wusste, dass sich ihr Wunschtraum, verweinte Kinderaugen wieder zum Strahlen zu bringen, kaum verwirklichen ließ.

Da er sich nicht wie Hedwig nur am Fernsehen über die politische Lage unterrichtete, sondern auch das Internet nutzte, sich oft und gern in Zeitungen unterschiedlicher Art vertiefte und als ständiger

Radiohörer zwischen Verdummungs- und Informationssendern zu unterscheiden wusste, war er über die Problematik der unbegleiteten minderjährigen Flüchtlinge ziemlich gut informiert. Es handelte sich dabei kaum um Kleinkinder, vielmehr um vorwiegend vierzehn- bis achtzehnjährige Burschen, von denen viele sicher auch älter waren und nur des Jugendschutzes wegen behaupteten, noch nicht achtzehn Jahre alt zu sein.

Zweifellos war es seine Aufgabe, Hedwig mit diesen Tatsachen bekannt zu machen, da es ihm aber schwerfiel, sie aus ihren Träumen zu reißen, verschob er es immer wieder auf den nächsten Tag. Wenn er sich in schlaflosen Nächten wieder einmal hatte ausmalen müssen, wie aus den ankommenden Bussen statt der erwarteten Kinder fast schon erwachsene Männer steigen, war er nachts schon mehrfach zu Hedwigs Desillusionierung entschlossen gewesen, doch der Mut dazu hatte ihm am Tage dann immer wieder gefehlt.

Inzwischen war der Juli gekommen, und es hatte eine Hitzeperiode begonnen, in der sich Leo, wie alle Jahre wieder, darüber ärgern musste, dass die Unart, viel Haut unbedeckt zu lassen, nun auch die Dörfer angesteckt hatte, der Menschenwürde, wie er bissig bemerkte, also auch hier vom Fortschritt der Garaus gemacht worden war. In seiner Jugend wäre kein Landmann auf die Idee gekommen, nur mit Badehose bekleidet ins Heu zu fahren, und über die Schamlosigkeit der aus der Stadt kommenden

BDM-Mädchen, die zum Garbenbinden oder Nachharken in Turnhose und Sporthemd erschienen waren, hatte man im Dorf die Nase gerümpft. Jetzt aber trugen dreizehnjährige Schülerinnen, wie man morgens an der Bushaltestelle sehen konnte, winzige Höschen, die die nackten Beine bis zu den Pobacken hinauf zur Schau stellten, und ältere Frauen zeigten zwischen Bluse und halblanger Schlotterhose die Fettwülste ihrer Bäuche vor.

Als Leo an einem der extrem heißen Tage ins Dorf spazierte, um sich die Haare schneiden zu lassen, war er der Morgenfrische wegen schon so früh aufgebrochen, dass er der erste Kunde im Frisiersalon war. Cornelia, die ihre ins Breite strebende Körperlichkeit mit modischer Buntheit nur notdürftig verhüllt hatte, begrüßte ihn freundlich wie immer, beantwortete seine übliche Frage: »Wie geht's dir?« mit ihrem nicht weniger üblichen: »Muss ja gehen!« und beorderte ihn in den gewohnten Sessel, wo er sein Spiegelbild vor sich hatte, das ihm von Jahr zu Jahr weniger gefiel.

Während Cornelia ihm den Umhang überlegte, die papierene Halskrause befestigte und sich so hinter ihn stellte, dass sie bei ihrer Arbeit mit Kamm und Schere den Blickkontakt im Spiegel mit ihm herstellen konnte, bewies die sonst so Wortkarge, dass sie auch redselig sein konnte, wenn kein Mithörer in der Nähe war. Sie kam sofort auf das Hauptthema des Dorfklatschs zu sprechen, auf die Flüchtlinge nämlich, denen man, wie sie meinte, noch einmal glücklich entgangen sei. Ob denn tatsächlich, wie man sich im Dorf erzähle, über hundert von ihnen hatten kommen sollen, wollte sie von Leo wissen, worauf er »Unsinn!« sagte, »angekündigt waren nur zwanzig bis dreißig, und warum die nicht kamen, ist nicht bekannt.«

»Mir schon!«, sagte Cornelia mit einem Lächeln, das ihre Freude, sich als Wissende beweisen zu können, verriet. Bevor sie aber mit ihren Kenntnissen herausrückte, versuchte sie Herrn Leydenfrost klarzumachen, wie sie persönlich zu der heißumstrittenen Angelegenheit stand.

»Ich als Gewerbetreibende«, begann sie ihre Grundsatzerklärung, »bin doch berufsmäßig dazu verpflichtet, für alle Leute, die meine Dienste benötigen, da zu sein. Mehr für eine Partei zu sein, kann ich mir deshalb nicht leisten, meine Berufspflichten erfordern strengste Neutralität.«

»Ich verstehe«, sagte Leo, »aber was meinst du mit dem Ausdruck Partei? Im Dorf gehört doch, soviel ich weiß, keiner zu einer, seitdem es die SED nicht mehr gibt. Zu lokalen Wahlen treten doch hier immer nur die Freiwillige Feuerwehr und ein Bürgerverein an. Ich habe immer angenommen, dass Wittenhagen, meine Schwester mal ausgenommen, ein Dorf von Parteilosen ist.

»Ist es auch«, sagte Cornelia, ohne ihre Arbeit an Leos weißen Haaren zu unterbrechen. »Ich meine auch nicht die Parteien, an die Sie denken, sondern die der Einheimischen und der Zugereisten, von denen doch die einen für, die andern gegen die Flüchtlinge sind.«

»Du rechnest also die Leydenfrosts zu den Zugereisten?«

»Halb und halb, ja«, sagte Cornelia etwas verlegen, »aber nicht Sie, Herr Leydenfrost, eher wohl die Frau Doktor, die doch so was wie eine Wessie ist. Wie die Bauleute erzählt haben, soll sie sich beim Umbau der Reithalle vor lauter Eifer ja fast umgebracht haben. Papa sagt auch immer: Dass der Leo und die Frau Doktern aus dem gleichen Nest gekrochen sein sollen, das glaube, wer will.«

»In ihrer Art ist meine Schwester schon ganz in Ordnung«, glaubte Leo sagen zu müssen, leitete dann aber, um das Thema Hedwig rasch verlassen zu können, zu Vater Noacks Gesundheit über, bat, ihm Genesungswünsche zu überbringen, und wollte dann von Cornelia endlich wissen, was ihr über den ausgefallenen Flüchtlingstransport zu Ohren gekommen war.

»Also, das war so«, begann Cornelia, ohne ihre Arbeit zu unterbrechen, so dass während ihrer Erzählung immer das leise Schnipsen der Schere zu hören war. »Sie kennen wohl nicht die alte Schrödern vom Dudel, die kürzlich ihren Mann begraben hat. Die hatte drei Söhne, aber nur einer war beim Begräbnis dabei, die andern sind alle auf und davon. Der eine also, der Jüngste, die Wittenhagener kennen ihn alle, weil er damals auch mit im LPG-Stall gearbeitet hat. Jens heißt er, Jens Schröder. Sie werden ihn wohl nicht kennen, weil er schon lange weg ist von hier, seit seiner Heirat wohnt er irgendwo an der Oder, da wo dauernd die Autos geklaut werden, sogar die Trecker und manchmal sogar Mähdrescher, die mehr kosten als Sie und ich im ganzen Leben verdienen können. Schwuppdiwupp sind die Dinger dann über Nacht verschwunden, natürlich hinter der Oder, wie die rüberkommen, weiß keiner, Kontrollen gibt es ja jetzt wieder, aber die helfen wohl auch nicht viel. Der Jens also, Schluck haben sie ihn im Stall immer genannt, weil er nämlich fast immer duhn war, oft morgens schon, aber heute nicht mehr, das hat er selbst in Griff gekriegt, sagt er, höchstens abends vorm Fernseher mal ein Pils, sagt er, mehr nicht, da passt er höllisch auf, seitdem er noch mal auf Schule war, jetzt ist er da an der Oder irgendwo im Amt, und da hat er manchmal auch mit den Flüchtlingen zu tun. Du glaubst es nicht, Cornelia, hat er gesagt, was die für Ärger machen. Die kriegen es doch vom Staat schon von vorn und hinten reingesteckt, sagt er, aber zufrieden sind die nie, weil ihnen Deutschland als Schlaraffenland beschrieben wurde und die Kanzlerin sie eingeladen hat. Und am schlimmsten sind die Jungen, sagt er, die, die sie unbegleitete Unmündige nennen, von denen aber welche schon Bärte haben, die sollen wie rohe Eier behandelt werden, von wegen Jugendschutz. Dass sie unsere Sprache nicht verstehen, kann man ihnen ja nicht übelnehmen, sagt er, aber dass sie, wo sie auch gehen und stehen, Müll zurücklassen, den die Frauen, die sie betreuen sollen, dann wegräumen müssen, ist doch ein bisschen zu stark. Und dann, sagt er, schmeckt ihnen das Essen nicht, und die Frauen, von denen sie sich nichts sagen lassen, behandeln sie wie der letzte Dreck, weil die nämlich bei ihnen zu Hause nur die Dienerinnen der Männer sind. In dieser Hinsicht gleichen sie sich alle, aus welcher Gegend sie auch gekommen sind. Auch Afghanen waren darunter, da die sich aber immer mit den Syrern in die Wolle kriegten, hatte man sie schon in eine andere Turnhalle verlegt. Dass die, die Afghanen nämlich, hierherkommen dürfen, sagt der Jens, ist zum Lachen, angeblich ist es bei denen zu Hause zu gefährlich, deshalb, sagt er, schicken wir ihnen unsere Soldaten hin, schöner Tausch! Mit dem Transport nach Wittenhagen aber war das so, dass sie da alle nicht hinwollten, die wollten alle nach Berlin. Am Tag davor haben sie demonstriert, mit Schildern, wo draufstand: Wir wollen nicht in die Wüste! Alles richtig geschrieben, das müssen ihnen andre gemalt haben, Jens weiß nicht, wer. Und kurz gesagt: Am Morgen, als der Bus kam, war nur noch die Hälfte von ihnen da, die andern waren auf und davon, und die Dagebliebenen weigerten sich einzusteigen, und antreiben will und darf die doch keiner. Also ist der Bus leer wieder abgefahren, alles von Steuergeldern bezahlt. Aber verstehen kann man ja die armen Kerle, was sollen sie denn anfangen hier, wo es nicht mal einen Laden gibt oder eine Kneipe, denn mit dem Alkoholverbot nehmen es nicht alle so genau, wie der Jens sagt. Die Schwarzen unter ihnen denken alle, dass sie als Fußballprofis groß rauskommen werden, und hier gibt's doch nicht mal einen Fußballplatz. Dass Tausende von den Unmündigen spurlos bei uns verschwinden, haben ja sogar die Zeitungen geschrieben, die sonst doch nur Schönes darüber zu melden haben. Jens sagt, dass die Verschwundenen sicher in Berlin irgendwo unterkriechen konnten, und, wenn sie nicht gar auf den Strich gehen, Taschendiebe oder Drogendealer geworden sind. Aber das weiß er natürlich nicht, das mit dem leeren Bus aber hat er selbst gesehn. Wittenhagen ist also noch einmal mit einem blauen Auge davongekommen. Vielleicht schicken sie uns nun aber andere her, am besten Familien, die doch nicht so gefährlich sind. Denn die Masse der jungen Männer, die im Vorjahr der Kanzlerin zuliefen, stellen doch nüchtern betrachtet schon allein in sexueller Hinsicht eine Explosionsgefahr dar, oder etwa nicht?«

25.

Der Sommersonntag, an dem die Einladungspost versandfertig gemacht wurde, war noch heißer als die Tage zuvor. Laut Wetterbericht wurde die Hitze durch eine von Nordafrika kommende Luftströmung verursacht, von der Leo beim Nachmittagskaffee behauptete, sie transportiere auch Sand aus der Sahara mit.

In der offenen Veranda saß man unter einem Sonnenschirm zusammen, nur Enkel Walter, der kürzlich den Ehrgeiz entwickelt hatte, sich bräunen zu lassen, hatte sich abseits in die pralle Sonne gesetzt. Auf die Briefumschläge, die seine Mutter und Fatima adressiert hatten, klebte er Briefmarken, während Leo die Einladungkarten mit handschriftlichen Zusätzen versah. Beschäftigungslos war nur Hedwig, die sich unwohl fühlte. Sie hatte ihren Sessel in den tiefsten Schatten gerückt.

Sie war nach dem Schock, in den sie das Ausbleiben der Flüchtlingskinder versetzt hatte, langsam wieder genesen und hatte Leo mit ihrem jäh erwachten Interesse an den Geburtstagsvorbereitungen überrascht. Offensichtlich hatte der Gedanke, als Mittelpunkt des Festes durch andere nicht ersetzt werden zu können, also noch gebraucht zu werden, sie wieder etwas lebensfroher gemacht.

Bei der Ergänzung der früher von ihr kaum beachteten Gästeliste hatte sie unerwartet darauf bestanden, alle westlichen Leydenfrosts einzuladen, von denen es dank Onkel Eckhardts Söhnen recht viele gab. Sie hatte in ihren westdeutschen Jahren die lose Verbindung mit ihrem Onkel nie ganz abreißen lassen, die Familien seiner Söhne aber hatten anfangs von ihr nichts wissen wollen, weil sie als »Kommunistin« (damals ein Schimpfwort) verschrien war. Später, nach Eckhardts Tod, als sie schon in Wittenhagen lebte und ihr Cousin Henry seinen Ruhestand in der Villa seines Vaters am Mittelmeer verbrachte, hatte sie sich bei seinen Nachkommen durch Weihnachts- und Neujahrsgrüße in Erinnerung gehalten, und zu Einsegnungsfeiern der Kinder hatte sie Geld geschickt. Ihren Wunsch nach einem Besuch der Nichten und Neffen in Wittenhagen hatte sie dabei oft vorsichtig anklingen lassen, aber erfüllt wurde er ihr bisher nie.

Hedwigs Familiensinn, der sich in den letzten Jahren ständig verstärkt hatte, ließ sie manchmal auch auf Ideen kommen, die nicht nur ihr Bruder für abwegig hielt. Sie dachte daran, Fatima Müller amtlich in Fatima Leydenfrost umbenennen zu lassen, eine Suchaktion nach Leos verlorenem Sohn Rainer in die Wege zu leiten und sogar auch zu beantragen, dass der 1945 enteignete Grundbesitz rückübertragen wird. Mit der Hoffnung, künftig wieder einen Leydenfrost in Wittenhagen begütert zu wissen, so hatte sie schon mehrfach geäußert, gehe sie beruhigter ins Grab.

Walter, den sie gebeten hatte, ihr die Namen und Adressen der frankierten Briefe vorzulesen, machte ihr auch manchmal die Freude, interessiert zu fragen, wo denn dieses Winsen an der Luhe liege oder wer jener in Spanien lebende Henry Leydenfrost sei. Während Leo, der sich dem Enkel gern als allwissend zeigte, zu Winsen an der Luhe nur sagen konnte, dass Goethes Eckermann dort geboren wurde, konnte Hedwig nicht nur die geographische Lage des Ortes beschreiben, sondern sie wusste auch, wann einer von Eckhardts Enkeln sich dort niedergelassen hatte und dass dessen älteste Tochter Clothilde etwa so alt wie ihr Cousin Walter war.

Sie hatte Walter, dessen ordinärer Nachname Kunze sie immer wieder ärgerlich machte, anfangs nur als störend empfunden, den Gymnasiasten später aber ernst zu nehmen gelernt. Dass er sich neuerdings seinem Großvater angeschlossen hatte, war von ihr selbstverständlich gebilligt worden, doch war sie über Leos Einfluss auf den Jungen auch ein wenig besorgt. Um zu verhindern, dass er vom Großvater zu einem Büchernarren erzogen werden könnte, hätte sie ihn selbst gern unter ihre Fittiche genommen, doch gelang es ihr nicht, ihm näherzukommen. Die Scheu, die Walter schon als Kleinkind von seiner Großtante ferngehalten hatte, schien unüberwindlich zu sein.

Das Interesse, das Walter jetzt an den Verwandten zeigte, ermunterte sie zu einem weiteren Annäherungsversuch. Wenn er mehr über seine Westverwandtschaft erfahren wolle, sagte sie, stehe ihm ihre Fotosammlung zur Verfügung. »Vielleicht bequemst du dich abends mal zu mir herauf.«

»Aber gern, Tante!«, sagte Walter ergeben, blickte dabei aber so hilfesuchend zu seinem Großvater hinüber, dass sich dieser, der sowohl die Menge der bei Hedwig stationierten Familienfotos als auch das Zeremoniell ihrer Vorführung kannte, zum Eingreifen genötigt sah. Da er sich gut vorstellen konnte, welche Qualen der Langeweile der arme Junge bei Hedwig würde ertragen müssen, versuchte er seiner Schwester klarzumachen, dass das Interesse, das er und sie in der Kindheit an alten Fotos gehabt hatten, bei den heutigen Kindern, die von früh bis spät und an allen Orten mit Bildern traktiert werden, nicht zu erwarten sei.

»Da die Babys heute schon befähigt werden, durch Knopfdruck bunte Bilder auf Kleincomputer zu zaubern, haben sie, ehe sie das Laufen erlernen, alles Bilderanschauen schon satt«, sagte er gerade, als eine weibliche Stimme von draußen ihn unterbrach.

»Entschuldigen Sie bitte die Störung. Ich will zu einem Herrn Leydenfrost. Ist das richtig hier?«

Bis auf Hedwig, die sich von ihrem schattigen Platz nicht entfernte, traten alle an die Brüstung und sahen auf die unangemeldete Besucherin hinunter, die, als sie Leo erkannte, sich noch einmal für die Störung entschuldigte und, falls sie ungelegen komme, ein andermal vorzusprechen versprach.

Da Leo die junge Pastorin Merkel viel lieber allein empfangen hätte, kam sie ihm tatsächlich ungelegen, er sagte aber: »Sie stören durchaus nicht, kommen Sie doch bitte herauf.«

Walter, der sich der Bräune wegen seines Hemdes entledigt hatte, bekleidete sich wieder und ging hinunter, um die Besucherin einzulassen, Wilhelmine und Fatima räumten die Einladungskarten und Umschläge beiseite, und Leo, der die Aversion seiner Schwester gegen alles Religiöse kannte, bereitete sie mit einigen Worten auf die geistliche Besucherin vor. Da er doch wisse, sagte er, dass sie, genau wie auch er, gern junge Gesichter um sich habe, sei er auf den Einfall gekommen, die Nachfolgerin des alten Kossower Pfarrers einzuladen. »Sie ist ein nettes Mädchen, das dir sicher auch gefallen wird.«

»Gegen Leute, die einen Gott nötig zu haben glauben, habe ich nur etwas einzuwenden, wenn sie ihn dauernd im Munde führen oder mich gar bekehren wollen«, sagte Hedwig, und ehe ihr Leo versichern konnte, dass sie heute dergleichen wohl kaum zu befürchten habe, stand das Mädchen schon auf der Schwelle und veranlasste die beiden sonst so unterschiedlichen Alten zu demselben Gedanken: Wie schön, dass es so junge und angenehme Menschen noch gibt!

Den Gast und die Familie miteinander bekannt zu machen, hatte selbstverständlich Leo übernommen und seine leichte Befangenheit dabei schnell überspielt. Als er Hedwig vorstellte, betonte er unnötigerweise, dass es sich bei ihr um seine Schwester, nicht seine Frau handele, und als er die Pastorin mit den anderen bekannt machte, wollte ihn ihre Herkunft zu längeren Ausführungen über die kulturelle Bedeutung des evangelischen Pfarrhauses verleiten, doch Hedwig, die sich zur Begrüßung aus dem Sessel erhoben hatte, hinderte ihn daran.

»Sie werden durstig sein bei dieser Hitze, Kindchen«, sagte sie so liebenswürdig, wie ihr Bruder sie selten erlebte, und geleitete die Besucherin zu einem Stuhl. »Mögen Sie Kaffee oder lieber erst ein Glas Wasser? Ein Stück Sonntagskuchen ist sicher auch noch da. Sind Sie zu Fuß von Kossow herübergekommen? Ein herrlicher Weg, ohne Frage, aber bei dieser Hitze doch eine Qual.«

Fatima und Wilhelmine wurden von ihr in die Küche beordert, um für frischen Kaffee zu sorgen, sie setzte sich der Besucherin gegenüber, ließ sie erzählen und erzählte selbst. Leo, der sich in Hedwigs Sessel gesetzt hatte, fühlte sich überflüssig. Sein Ärger darüber, mit den Weisheiten über das evangelische Pfarrhaus nicht zum Zuge gekommen zu sein, war schnell verflogen, auch war er erleichtert darüber, dass sein kirchlicher Schwarm auch Hedwig beeindruckte, doch regte sich in ihm auch so etwas wie Eifersucht. Dass er es war, dem Hedwig die Freude an diesem schönen und klugen Mädchen verdankte, hatte sie anscheinend genauso wie ihre Kirchenfeindschaft vergessen. An Kirche freilich wurde sie in keiner Weise erinnert, wenn sie die sommerlich gekleidete Geistliche vor sich sah.

Beide Frauen waren offensichtlich glücklich darüber, einen Gesprächspartner gefunden zu haben, von dem sie verstanden wurden und dem das Reden allein um des Redens willen schon etwas galt. Ihr pausenloses Gespräch wollte Leo als der Wechselgesang von Sopran- und Altstimmen erscheinen, bei der es mehr um Harmonie als um Inhalte ging. Da war von märkischen und westfälischen Landschaften genauso die Rede wie von Krankheiten, Kindheitserinnerungen und Prüfungsängsten, und selbst als Frau Merkel ihre kirchliche Arbeit erwähnte, indem sie von Streitereien mit ihrem Superintendenten erzählte, war bei Hedwig keine Verstimmung spürbar, sie wartete nur mit einem ähnlich gelagerten Streit mit ihrem Hamburger Chefarzt auf.

Später, als der Sonnenschirm nicht mehr benötigt wurde, saß man der Besucherin zu Ehren immer noch an der Kaffeetafel zusammen, und abgesehen von Wilhelmine war jeder auf seine Weise über den Gast erfreut. Fatima wurde durch sie an eine in der Kindheit geliebte Krankenschwester der Malteser erinnert, Walter, der die Pastorin als so jung empfunden hatte, dass er versucht gewesen war, sie zu duzen, konnte die Augen nicht von ihr wenden, und Leos Verliebtheit hatte sich durch den Anklang, den die Verehrte bei Hedwig gefunden hatte, noch ein wenig verstärkt. Nur Wilhelmine bewirkte durch eine abfällige Bemerkung über Leute, die »nicht von hier sind«, eine leichte Verstimmung, die aber von der Betroffenen nicht beachtet, vielleicht auch gar nicht verstanden wurde und deshalb schnell wieder verging.

Von Hedwig, die ihre Altersbeschwerden anscheinend völlig vergessen hatte, wurde Frau Merkel sogar gebeten, noch zum Abendessen zu bleiben. »In der alten Kossower Pfarre fühlen Sie sich doch sicher am Sonntagabend mutterseelenallein.«

Aber Frau Merkel wollte nicht bleiben. Hedwig, die sich von ihr mit einer Umarmung trennte, bat Fatima, sie nach Hause zu fahren, und sank darauf wieder kraftlos in ihren Sessel zurück.

Leo, der die Heimfahrt gern selbst übernommen hätte, begleitete die Besucherin noch zum Auto, wo er Frau Merkel noch einmal versichern konnte, dass seine zu Ostern ausgesprochene Einladung eine immer gültige sei.

Als der Wagen den Villenweg schon hinter sich hatte, stand er immer noch winkend vor dem Säulenportal.

26.

Auf der kurzen Fahrt nach Kossow saßen Fatima und Anna schweigend nebeneinander, als seien sie von den lebhaften Gesprächen an der Kaffeetafel erschöpft. Erst als sie vor dem Pfarrhaus hielten, fragte die Pastorin: »Darf ich Sie vielleicht noch zu einem Tee einladen?«, und als Fatima zögerte, setzte sie ein dringliches »Bitte!« hinzu.

Das Pfarrhaus, unweit der Kirche gelegen, war wie die meisten alten Häuser des Dorfes ein eingeschossiger Bau von etwa 1900 mit den zwei üblichen Giebelstuben unter dem Satteldach. Mitsamt dem dahinterliegenden Stallgebäude und dem Garten war es von einer halbhohen Backsteinmauer umgeben, die im hinteren Teil auch Trennwand zwischen Pfarrgarten und Friedhof war.

Da die Vordertür des Hauses nur für Bibelstunden und den Konfirmandenunterricht geöffnet wurde, ging man über den Hof ins Haus. Im breiten Mittelflur, der den Gemeindesaal von den Wohnräumen trennte, standen ausgemusterte schwarze Eichenmöbel, zwischen denen man sich hindurchwinden musste, um das einzige von der Pastorin benutzte Zimmer zu erreichen, zu dessen sparsamer Möblierung auch ein Feldbett gehörte, auf dem ein Schlafsack lag. Die hohen Fenster, denen noch die Gardinen fehlten, erlaubten einen Blick auf die Dorfstraße, die am Sonntagabend so menschenleer wie an Wochentagen war.

Während Frau Merkel einen auf dem Fensterbrett stehenden Wasserkocher betätigte, klärte sie Fatima über die Tücken des alten, schon seit zwei Jahren etwa leerstehenden Hauses auf. »Nachts«, sagte sie, »wird es hier lebendig. Das Haus gibt Geräusche von sich, die ihr Unheimliches erst verlieren, wenn man sie deuten kann. In den ersten Nächten habe ich mich geängstigt, langsam aber habe ich mich sowohl an die ungewohnte Stille als auch an das Knacken der Balken, das Ticken der Holzwürmer und das gelegentliche Toben der Ratten oder Marder auf dem Dachboden gewöhnt.«

Erst beim Tee kam sie mit den einleitenden Worten: »Ich muss Ihnen ein Geständnis machen, liebe Frau Müller«, auf ihr eigentliches Anliegen zu sprechen, konnte aber nicht weiterreden, weil Fatima sie unterbrach.

»Bitte, nenen Sie mich nicht Müller. Den Namen habe ich einer jugendlichen Dummheit zu verdanken, an die ich nicht gern erinnert werde. Für Sie möchte ich Fatima sein.«

»Und ich für Sie Anna oder auch Ännchen, wie ich zu Hause genannt werde, dem Ännchen von Tharau zuliebe, aus deren Gegend meine Eltern 1945 gekommen sind.«

»Das muss ich Leo erzählen! Ich meine damit meinen Onkel, dem Sie ja, wie er mir begeistert erzählte, schon früher einmal begegnet sind. Der wird Sie des Ännchens wegen noch mehr verehren. Ihm zuliebe habe ich als Kind das Ännchen von Tharau auswendig gelernt.« Und halb singend, halb lachend rezitierte sie: »Krankheit, Verfolgung, Betrübnis und Pein / Soll unserer Liebe Verknotigung sein.«

»Mein Vater«, sagte Anna, der die Verse Tränen in die Augen getrieben hatten, »hat das Ännchen, glaube ich, lieber als all die vielen Kirchenlieder. In seinem Studierzimmer hängt ein Foto ihres Denkmals in Memel, größer als das Kruzifix.«

»Wenn ich von Vätern höre«, sagte Fatima, sich ein Lächeln abringend, »bin ich an der Reihe mit Tränenvergießen. Mir hatte Onkel Leo den Vater ersetzen müssen, aber viel zu spät. Vielleicht, sage ich mir heute, war meine Heirat mehr eine Vatersuche.«

»Und sie ging schief?«

»Gründlich! So gründlich, dass ich mir eine neue Suche erspart habe.«

»Mir ging es ähnlich, auch ohne einen Herrn Müller.«

Es entstand eine viel zu lange Pause, in der beide Frauen sich nur in die Augen sahen, bis Fatima endlich sagte: »Nun aber Schluss mit den Sentimentalitäten und heraus mit dem Geständnis. Gar zu schlimm wird es ja wohl nicht sein.«

»Schlimm genug«, antwortete Anna, während sie, um ihre Befangenheit zu verbergen, im Bücherregal nach Zigaretten und Aschbecher suchte, halblaut etwas von »Lüge und Feigheit« sagte und sich eine Zigarette anzündete, sie aber nach einigen hastigen Zügen im Aschbecher wieder ausdrückte und nun, ruhiger geworden, mit ihrem sogenannten Geständnis begann.

»Die Lüge, die ich Ihnen beichten möchte, war vielleicht nur, wie die Katholiken sagen, eine lässige Sünde, für die mir Absolution zu erteilen Ihnen leichtfallen wird. Ich habe nämlich die Liebenswürdigkeit Ihres Onkels mit einer Unwahrheit entgolten, indem ich ihn in dem Glauben gelassen habe, mein Besuch bei Ihnen sei auf Grund seiner Einladung erfolgt. In Wahrheit hatte ich diese damals nur für eine Höflichkeitsformel gehalten und bald wieder vergessen. Anlass für meinen Besuch ist ein anderer gewesen. Ihm das zu sagen, habe ich aber angesichts seiner Freude über mein Kommen nicht übers Herz gebracht. Vor allem deshalb nicht, weil dieser Anlass, ein Brief nämlich, ihn traurig gemacht hätte. Das Wohltuende dieses Nachmittags wäre dahin gewesen, und ich wollte nicht der Unglücksbote sein. Das zu sein, liebe Fatima, mute ich Ihnen jetzt zu. Bitte, nicht böse sein!«

»Das könnte ich gar nicht, nie«, sagte Fatima leise, um dann mit wieder fester Stimme zu fragen: »Und was ist nun mit diesem Brief?«

»Hier ist er, lesen Sie selbst.«

Es war ein handschriftlicher Brief, auf feinstem Büttenpapier sauber und akkurat geschrieben und an das Pfarramt in Kossow adressiert.

»Sehr geehrter Herr Pfarrer oder

Sehr geehrte Frau Pfarrerin,

verzeihen Sie mir, dass ich Sie unbekannterweise mit einer Bitte belästige, die zwar nicht direkt zu Ihren seelsorgerischen Aufgaben gehört, sie aber doch wohl tangiert. Zuvor aber möchte ich mich Ihnen vorstellen. Mein Name ist Carola Hartke, ich bin nach einem Berufsleben als Buchhändlerin seit einem Jahr Pensionärin, wohne in Berlin-Dahlem und bin seit zwanzig Jahren die Lebensgefährtin von Herrn Rainer Leydenfrost, in dessen berufsbedingter Abwesenheit ich diesen Brief an Sie schreibe, nicht in seinem Auftrag, aber doch in seinem Interesse, das wohl besser als Sorge zu bezeichnen ist. Wie mir gestern bekannt wurde, ist mit der für Ende dieses Monats geplanten Rückkehr Herrn Leydenfrosts aus Mazedonien, wo er schon seit längerem hatte tätig sein müssen, vorläufig nicht zu rechnen, eine Erkrankung, die aber keinen Anlass zur Sorge bietet, so heißt es in der Mitteilung seiner Dienststelle, halte ihn dort noch fest. Da er sich vorgenommen hatte, nach seiner Heimkehr, die, wie er hofft, mit seiner Frühverrentung zusammenfallen wird, Ihnen seine Sorgen selbst vorzutragen, fühle ich mich nun verpflichtet, es stellvertretend für ihn brieflich zu tun. Herr Leydenfrost war, wie ich vorausschicken möchte, in ungewöhnlicher Gefühlsstärke mit seiner

Mutter verbunden, die, schon bald nachdem er das Elternhaus verlassen hatte, verstorben war. Sie wurde aber nicht in Berlin (Herr Leydenfrost ist geborener Berliner), sondern in der Heimat seines Vaters begraben (über den zu reden, er sich immer weigerte), in Kossow nämlich, wo ihr Grab nicht weit von der Dorfkirche entfernt sein soll, so dass es für Sie nicht schwer sein wird, es aufzufinden. Um dieses Grab der Maria Leydenfrost geht es bei meiner Bitte, um dessen Pflege und Erhaltung, und auch, falls die Liegefrist abgelaufen sein sollte, um deren Verlängerung, an der Herrn Leydenfrost sehr gelegen ist. Zwar ist das Grab in den verflossenen Jahren von Verwandten der väterlichen Seite, die noch oder wieder in einem der Nachbarorte wohnen, gepflegt worden, aber diese sind wahrscheinlich schon gestorben oder werden bald sterben, so dass es Herrn Leydenfrost beruhigen würde, wenn Sie, sehr geehrter Herr Pfarrer, oder Sie, sehr geehrte Frau Pfarrerin, eine Firma oder einen Menschen ausfindig machen könnten, der, gegen gute Bezahlung selbstverständlich, die Grabpflege und die eventuell notwendig werdende amtliche Verlängerung der Liegedauer übernimmt. Ich und mein Lebensgefährte wären Ihnen sehr dankbar, wenn Sie sich der Sache annehmen könnten.

In vorzüglicher Hochachtung und mit freundlichen Grüßen, Ihre Carola Hartke.

Hier noch einmal der Name der Verstorbenen: Maria Leydenfrost, geb. Poschmann, ihre Lebensdaten etwa 1930–2000 (genau weiß ich das nicht).«

27.

Während Fatima und Anna sich teetrinkend nähergekommen waren, hatte die leichte Abkühlung, die mit dem Sonnenuntergang eingesetzt hatte, Leo zu einem Spaziergang verlockt. In der Hoffnung, Fatimas Rückkehr abpassen zu können, war er vom Villenweg in die Landstraße eingebogen, wo ihm Fatima dann auch bald entgegengekommen war. Er war mit den Worten: »Na, was hältst du von meiner Neuerwerbung?« zu ihr ins Auto gestiegen, hatte sie zum Mitschwärmen über die Pastorin aufgefordert, und sie hatte ihm seinem Wunsch entsprechend haarklein, mit nur geringen, ihn betreffenden Auslassungen, wiedergegeben, was zwischen ihr und Anna gesprochen worden war. Vor der Villa, noch im Auto sitzend, hatte sie ihm dann auch den Brief aus Dahlem übergeben, den er nun, ohne ein Wort von sich zu geben, im letzten Licht des Tages las.

»Nur gut, dass wir Einladungskarten noch übrig haben«, sagte er, während er den Brief wieder zusammenfaltete. »Schon morgen gehen zwei von ihnen nach Dahlem ab.«

Die äußere Gelassenheit, mit der er auf das Lebenszeichen des verlorenen Sohnes reagierte, war nicht, wie Fatima ahnte, innerer Kälte geschuldet, sondern dem in ihm tobenden Gefühlswiderstreit. So beruhigend es war, Rainer noch am Leben zu wissen, so schrecklich war es, lesen zu müssen, dass der Streit, der ihn mit dem Vater entzweit hatte, anscheinend weder vergeben noch vergessen war. Überschattet aber wurde das alles von der Nachricht über Rainers Erkrankung in der Fremde, die doch, da sie ihn reiseunfähig gemacht hatte, offensichtlich so ungefährlich, wie die Dienststelle meinte, nicht war. »Dass Staatsdiener auf Verharmlosung von Gefahren trainiert sind«, sagte er aus dem Auto steigend, »hat man doch in den letzten zwei Jahren häufig genug erlebt.«

Hedwig hatte sich schon in ihr Schlafzimmer zurückgezogen, Fatima aber saß noch lange, das Telefon in der Hand haltend, in Gedanken verloren am offenen Fester, doch erst als die Dunkelheit einbrach, irgendwo in der Nähe die Grillen zu zirpen begannen und vom See her die dumpfen Rufe der Unken zu hören waren, entschloss sie sich zu dem Anruf bei Anna, der erst um Mitternacht etwa mit einem Gute-Nacht-Gruß schloss.

Leo hatte in diesen Stunden einen Brief zu schreiben begonnen, der aber in dieser Nacht nicht mehr zustande kam. Der Insekten wegen musste er die Fenster geschlossen halten, so dass die Hitze, die die aufgeheizten Mauern abstrahlten, schwer zu ertragen war. Er löschte das Licht und öffnete die Fenster, vor denen die Fledermäuse ihre wagehalsigen Flugkünste vollführten, während er zu schlafen versuchte, was aber erst im Morgendämmern mit Hilfe von Tabletten gelang.

Als er am Morgen im Moment des Erwachens bereits wieder die Formulierungen für Rainer erprobte, hatte er den Eindruck, dass er von dem vergeblichen Bemühen, sprachlichen Ausdruck für seinen inneren Zustand zu finden, auch im Schlaf noch gequält worden war. Beim Frühstück war er allein in der Küche, Wilhelmine war schon zur Arbeit gegangen, und Walter, der die Ferientage vorwiegend an Badeseen der Umgebung verbrachte, war mit dem Fahrrad schon unterwegs. Während im Radio wieder einmal bewiesen wurde, dass man die Meinungsfreiheit, um sie erhalten zu können, beschneiden müsse, wurde sich Leo klar darüber, dass die Suche nach den für Rainer richtigen Worten vergeblich war. Er entschloss sich also, seinen Brief nicht an Rainer, sondern an Frau Hartke zu richten, und tatsächlich ging ihm dieser dann leicht von der Hand.

»Sehr geehrte Frau Hartke,

Ihr Brief, den Sie im Interesse Ihres Lebensgefährten Rainer Leydenfrost an das Pfarramt von Kossow sandten, ist dort pünktlich angekommen, und die zuständige Pfarrerin, Frau Anna Merkel, hat es für richtig gehalten, mir Ihr Schreiben zur Kenntnis zu geben, weil es mich mehr angeht als sie. Das Grab von Rainers geliebter Mutter, um dessen Pflege und Erhaltung Sie sich sorgen, ist, wie Sie Rainer berichten können, wohlerhalten und wird es in Zukunft auch bleiben, dafür ist schon gesorgt. Es sind nämlich neben den von Ihnen erwähnten Angehörigen höheren Alters auch jüngere Familienmitglieder am Leben, denen das Gedenken an Rainers Mutter nach wie vor teuer ist.

Gestatten Sie mir bitte, liebe Frau Hartke, dieser sachlichen Mitteilung einige mehr persönliche Worte folgen zu lassen, mit denen ich Ihnen erklären möchte, weshalb Ihr Brief mit seinem knappen Bericht über den Aufenthaltsort Rainers mir sowohl eine Last vom Herzen genommen als auch eine nie ganz vernarbte seelische Wunde wieder aufgerissen hat. Ich bin nämlich, was ich wohl besser anfangs schon hätte sagen sollen, sein Vater, über den Rainer, wie Sie schreiben, nie hat reden wollen, was für seine stark ausgeprägten Charakterzüge, die ich schon in seiner Kindheit zu fürchten gelernt hatte, bezeichnend ist. Trotzig, dickschädlig und selbstherrlich, wie ich das damals nannte, ist er schon immer gewesen und damit, was mich besonders aufbrachte, so ganz anders als sein Vater, der nie mit dem Kopf durch die Wand gewollt hatte, vielmehr immer dazu geneigt war, ein Schlupfloch in ihr zu suchen oder sie zu umgehen. Wenn Sie, liebe Frau Hartke, wie Ihr Brief nahelegt, beabsichtigen sollten, Ihr weiteres Leben an Rainers Seite zu verbringen, ist Ihnen die Engelsgeduld zu wünschen, die sein junger Vater damals nicht aufgebracht hat. Bitter bereut habe ich das nicht erst heute, denn früh schon habe ich erkennen müssen, dass nicht der gerade erst flügge gewordene Junge, sondern allein ich schuld an dem unseligen Zerwürfnis war. Bitte, schreiben Sie ihm das und bitten Sie ihn in meinem Namen um Versöhnung. Sicher finden Sie eher als ich die richtigen Worte für ihn.

Bitte, verzeihen Sie einem fast Neunzigjährigen dieses Ansinnen und seien Sie herzlich gegrüßt von

Ihrem Leonhardt Leydenfrost.

P.S. Von der Hoffnung auf eine baldige Heimkehr Rainers beflügelt, lege ich Ihnen zwei Einladungen zu einem bald in unserem Hause stattfindenden Familienfest bei.«

28.

Die Post, die in sozialistischen Zeiten von den Zensurbehörden immer einige Tage aufgehalten worden war, benötigte jetzt, wie Leo immer wieder erfreut feststellen konnte, manchmal nur einen Tag. Da er den Brief an Frau Hartke am Montag abgesandt hatte, wartete er schon am Mittwoch und Donnerstag auf Antwort, wurde aber enttäuscht. Als auch am Wochenende die in der Villa abgelieferten Postberge nur Versandkataloge, Werbeschreiben und Behördenbriefe enthielten, setzte er, da am Sonntag keine Post ausgeliefert wurde, alle Hoffnung auf das Telefon.

Um den erwarteten Anruf aus Berlin oder gar aus Mazedonien nicht zu verpassen, verzichtete er auf den Sonntagsspaziergang und blieb möglichst immer in Nähe des Apparats. Als dessen Schnarren mittags endlich ertönte, wünschte nur jemand Walter zu sprechen, der aber früh schon zum Baden gefahren war. Wilhelmine, die ihre Sonntage gern mit Kochen, Braten und Backen verbrachte, zwischendurch aber immer wieder mit ihrem Chef zu telefonieren hatte, wurde von Leo gebeten, sich ausnahmsweise kurz zu fassen oder ihr transportables Gerät dafür zu nutzen, das sie immer, sogar in der Kittelschürze, bei sich trug. Das Memorieren von Gedichten, das ihm Wartestunden sonst immer zu verkürzen geholfen hatte, versagte diesmal, und selbst Fatimas verlockende Aufforderung, mit ihr nach Kossow zu Anna zu fahren, lehnte er ab. Erst gegen Abend, als Wilhelmine ihn gerade zum Essen in die Küche gebeten hatte, lärmte in seinem Zimmer endlich das Telefon.

Frau Hartke hatte eine helle, fast jugendliche Stimme, an der Leo anfangs eine bemühte Sanftheit störte, die offensichtlich einem unzurechnungsfähigen Alten galt. Auch einen Schwerhörigen schien die Frau in ihm zu vermuten, denn wenn er auf ihre Worte nicht sofort reagierte, wurden sie von ihr mit deutlicherer Artikulation wiederholt.

Dass sein Brief sie »in tiefster Seele erschüttert« habe und sie sich mit seinem Sohn seit zwanzig Jahren »in Liebe verbunden« fühle, konnte er dadurch gleich zweimal hören, und doppelt musste er auch zur Kenntnis nehmen, dass sie im »Widerstand des Sohnes gegen den tyrannischen Vater etwas der antiken Tragödie Vergleichbares« sah.

Als gebildet gab sich die Frau ihm also gleich zu erkennen, und da er aus ihrem Wohnort auf Wohlhabenheit schließen zu können meinte, wurde sie in seiner Vorstellung zu einer nicht mehr jungen, aber noch ansehnlichen Dame, die, während sie mit ihm telefonierte, im Gartensaal einer Jugendstilvilla saß.

Als ungeübter Telefonierer benötigte er solch bildliche Vorstellung, um das Gespräch, das lang zu werden versprach, ohne Ungeduld durchzustehen.

Frau Hartke hatte, wie sie einleitend sagte, Leos Brief erst nach telefonischer Rücksprache mit Rainer beantworten wollen, denn von seinem Vater hatte er nie gesprochen, geschweige denn ein Zerwürfnis mit ihm erwähnt. Von seiner Dienststelle habe sie nach tagelangem Hin und Her schließlich erfahren können, dass er in einem Krankenhaus in Skjopje liege, ein Telefonat mit ihm aber aus Gründen, die man ihr nicht näher erläutern dürfe, nicht möglich sei. Sich mit solch vagen Auskünften begnügen zu müssen, habe sie in zwanzigjähriger Erfahrung mit Rainers Behörde gelernt.

Nach kurzem Weinkrampf, der einige ihrer Worte unverständlich machte, fiel Frau Hartke dann wieder in eine verständlichere Tonlage zurück. Nachdem sie begriffen hatte, dass sie in dem Alten am anderen Ende der Leitung einen Menschen gefunden hatte, dem sie ihre Liebesleiden ohne Scheu anvertrauen konnte, kam ihr Redefluss jetzt erst richtig in Gang. Das langsame, von Missverständnissen unterbrochene Wachsen ihrer Beziehung zu Rainer konnte sie in allen Einzelheiten schildern, konnte Redewendungen wiedergeben, die Rainer vor zwanzig Jahren in der Flirt- und Werbephase ihrer Liebe verwendet hatte und konnte ein Rilke-Gedicht bruchstückhaft rezitieren, das ihr durch Rainer vertraut geworden war.

Wenn ihr Bericht Neigung zeigte, sich in Nebensächlichkeiten zu verlieren, konnte Leo, der sonst Dauergespräche immer gehasst hatte, sie durch Zwischenfragen wieder in die Hauptrichtung lenken, wobei sie dann so ausführlich wurde, dass Leo den Eindruck gewinnen musste, sie habe sich nach einem Menschen, der sich für ihre Freuden und Leiden interessierte, schon lange gesehnt.

Auf diese Weise wurde er Mitwisser einer Liebesgeschichte, die sich von der, die er selbst als beglückend erlebt hatte, stark unterschied. Seine Liebe zu Maria war von möglichst enger körperlicher, geistiger und seelischer Nähe bestimmt gewesen, die der Frau Hartke aber wohl nur von der Sehnsucht danach. Wäre Leos Beruf damals der Liebe hinderlich gewesen, hätte er ihn aufgegeben, Rainer aber hatte offensichtlich an einen solchen Schritt nie gedacht. Bei ihm hatte sich die Liebe nach den Erfordernissen seines Berufs zu richten, was für die Geliebte vor allem Warten hieß. Seit die Liebe in Frau Hartkes Buchhandlung vor zwanzig Jahren begonnen hatte, war sie dazu verdammt gewesen, nur in Urlaubswochen gelebt werden zu können, und auch diese hatten sich manchmal wegen dringender dienstlicher Aufträge verkürzt.

Von Gefühlen wusste Frau Harkte also ausführlich zu reden, wenig aber über Rainers Beruf. Über die Aufträge, die er im Ausland zu erledigen hatte, war ihr nie etwas zu Ohren gekommen, er hatte sie ihr nie erklären wollen, und sie hatte es, einer früh schon geschlossenen Vereinbarung folgend, auch nie zu erfragen versucht. In der Fremde lebend, hatte er oft monatelang nichts von sich hören lassen dürfen, aber seine Urlaube hatte er immer, wie sie mehrfach betonte, mit ihr zusammen verbringen wollen, und zwar, da er im Dienst ständig auf Reisen sein musste, nur in Berlin. Statt mit ihr gemeinsam eine Urlaubsreise zu machen, habe er ihr behagliches Heim genießen wollen, so dass sie immer an Berlin gebunden war. In den zehn oder elf anderen Monaten des Jahres habe sie auf ihn warten und sich um ihn ängstigen müssen. Im vorigen Jahr habe er den Dienst eigentlich schon quittieren wollen, der Flüchtlingskrise wegen aber habe er dann noch bleiben müssen, denn Leute mit Auslandserfahrung und Sprachkenntnissen wurden dabei mehr als sonst gebraucht.

Auf Leos mehr oder weniger direkte Fragen nach Rainers Wesen, seinen Vorlieben und Interessen, antwortete Frau Hartke nach einigem Zögern mit der Klage darüber, dass ihr Geliebter in ungewöhnlichem Maße verschlossen sei. Dass sie sich bei seinen Erzählungen über Auslandsaufenthalte mit dem Preisen von Naturschönheiten und den Schilderungen fremder Essgewohnheiten begnügen musste, hatte sie weniger beunruhigt als sein Schweigen über seine persönliche Vergangenheit. Nach ihr gefragt zu werden war für ihn immer Grund gewesen, ein Gespräch abzubrechen. Nur in Momenten glücklicher Gelöstheit, wenn der Panzer anerzogener Zurückhaltung etwas aufweichte, hatte er ihr manchmal von seiner Berliner Kindheit und von der geliebten Mutter erzählt. Den Vater aber hatte er nie erwähnt.

Da Frau Hartke nicht nur ausdauernd reden, sondern Leo auch zu Berichten über Rainers vorwiegend von Trotz bestimmte Kindheit anregen konnte, endete das fernmündliche Gespräch erst kurz vor Mitternacht. Es war das längste Telefonat, das je von Leo geführt worden war.

29.

Leos Erleichterung über das Lebenszeichen des verlorenen Sohnes wurde von den Mitbewohnern der Villa für sein Empfinden nur ungenügend geteilt. Bei Hedwig und Fatima, die Rainer nie gesehen und seine Existenz fast vergessen hatten, berührte ihn das weniger als bei Wilhelmine, die auf die Nachricht von ihrem Bruder nicht nur kühl reagierte, sondern sich auch veranlasst fühlte, Leo daran zu erinnern, welch schlechter Vater er nach der Geburt des Sohnes für die Töchter gewesen war. Da weder sie noch Luise nach seinem Willen geraten waren, hatte er sie kaum noch beachtet und alle Aufmerksamkeit dem Jüngsten zukommen lassen, von dessen Intelligenz und Willensstärke er sich mehr versprochen hatte als von der Töchter Normalität und Fügsamkeit. »Hätte Mama nicht zu uns gehalten, hätten wir uns wie Verstoßene gefühlt.«

Leo, der jetzt wieder nur Rainer im Sinn hatte und sich am Ende eines heißen Tages zur Auseinandersetzung mit Wilhelmine nicht mehr fähig fühlte, ignorierte diesen Vorwurf, den er sich selbst schon oft genug gemacht hatte, und besann sich auf das Vorrecht des Alters, schwer zu hören oder begriffsstutzig zu sein.

In der schon seit Wochen anhaltenden Julihitze, die das Gras des Villenvorplatzes hatte vertrocknen lassen, hatte es sich eingebürgert, dass man abends, um die beginnende Kühle zu spüren, auf der Bank unter dem Küchenfenster, die schon stundenlang im Schatten gestanden hatte, noch ein wenig zusammensaß. Da Hedwig, der die Hitze so zusetzte, dass sie die Wohnung nicht mehr verlassen konnte, in der Abendrunde fehlte und auch Walter, der die Freuden des Radfahrens und Schwimmens entdeckt hatte, sich nur selten hinzugesellte, waren nur Leo, Fatima und Wilhelmine zugegen, als wieder einmal von Hedwigs Geburtstag, dem 5. August, die Rede war.

Da dieser auf einen Sonnabend der großen Schulferien fiel, sich also Jung und Alt für ihn freimachen konnten, war mit starkem Ansturm von Geburtstagsgästen zu rechnen, deren Bewirtung und Unterbringung die bisher nur zaghaft berührte Frage nach den erforderlichen Geldmitteln akut werden ließ. In den Anfängen der Geburtstagsplanung war es für Leo selbstverständlich gewesen, dass nur er das Fest finanzieren würde, doch mit dem Anwachsen des Vorhabens war klargeworden, dass das von seiner Minimalrente Ersparte, das seine Bücherkäufe schon hatten schrumpfen lassen, für den vorgesehenen organisatorischen und kulinarischen Aufwand nicht entfernt ausreichend war. Hedwig selbst für ein Fest aufkommen zu lassen, das man ihr fast aufgezwungen hatte, verbot sich nicht nur aus Anstandsgründen, sondern auch, weil bei ihr nichts zu holen war. Zwar bezog sie eine stattliche Rente, doch wusste man, dass sie diese restlos zu verbrauchen pflegte, weil bei ihr, wie Leo es ausdrückte, das wohltätige Spenden zur Sucht geworden war.

Die Stunden, die sie täglich am Schreibtisch verbrachte, waren nämlich nicht nur dem Brief- und Tagebuchschreiben gewidmet, sondern auch der Verteilung ihrer nicht lebensnotwendigen Einkünfte auf die Notleidenden aller Welt. Wo auch immer Kriege, Erdbeben, Dürren, Überschwemmungen oder Terroranschläge Opfer forderten, war die Hilfe, die ihnen zuteilwurde, auch von Hedwig mitfinanziert. Um neben den festgelegten Summen, die sie monatlich an das Rote Kreuz, die Lebensrettungsgesellschaft und die Obdachlosenhilfe zu zahlen sich verpflichtet hatte, auch noch Gelder für unvermutet eintretende Katastrophen verfügbar zu haben, hatte sie ein Buchungssystem entwickelt, das ihr am Monatsende den Nachweis erbrachte, dass kein für die Nothilfe verwendbarer Pfennig (an den Cent konnte sie sich nicht gewöhnen) übrig geblieben war. In ihren Augen erfüllten Guthaben, die aus privaten Gründen in Reserve gehalten wurden, den Tatbestand verweigerter Hilfsbereitschaft, der bekanntlich strafbar ist.

An diesem Abend auf der Bank im Freien, als wieder einmal das finanzielle Dilemma der Festgestalter erörtert wurde und Leos Vorschlag, die zur Hälfte ihm gehörende Villa mit einer Hypothek zu belasten, heftigen Widerspruch der jüngeren Frauen ausgelöst hatte, überraschte Wilhelmine, die wieder lange am Telefon gehangen hatte, mit der Behauptung, sie kenne zwar einen Ausweg, fürchte aber, ihr Vater sei nicht bereit, ihn einzuschlagen, weil er in Vorurteilen gegen Erwin befangen sei.

Dieser, ihr Chef also, sagte sie mit ungewohnt sanfter Stimme, habe sofort, als er von der Finanzmisere gehört habe, seine Hilfsbereitschaft erklärt. Die historischen Verdienste der ehrwürdigen alten Dame, von denen er auch schon in Potsdam gehört habe, sollten angemessen gefeiert werden, er trage gern das Seine dazu bei. Möglich sei ihm das glücklicherweise dadurch geworden, dass man die Reithalle endgültig von der Liste der Notunterkünfte gestrichen habe, er sie jetzt also für den Tourismus nutzen könne, der hier doch noch unterentwickelt sei. Zur Freude der Genossenschaftsmitglieder habe er inzwischen auch die gesamte Ackerfläche günstig an einen holländischen Großagrarier verkaufen können, der Weg zu einem exklusiven Hotel sei also frei. Vorher aber könne er Reithalle und Gutshof dem Familienfest der Leydenfrosts zur Verfügung stellen, und zwar (und an dieser Stelle kam ein triumphierender Ton in Wilhelmines Stimme) mit einem Finanzaufwand für die Familie, der nach null tendiert. Auf die Reklamewirkung des Festes hoffend, könne nämlich die Firma die Kosten tragen, weil sie sie als steuerbegünstigte Werbekosten deklarieren könne. Abgesichert werde diese Vereinbarung der Firma mit der Familie selbstverständlich durch einen regelrechten Vertrag.

Während Fatima diese glückliche Wendung der Finanzfrage erleichtert begrüßte, blieb Leo für ein Weilchen stumm. Der Gedanke, diesem Mann etwas zu verdanken zu haben, war ihm zuwider, aber da er Wilhelmine nicht kränken wollte, versuchte er, die kränkenden Worte, die er für Hoffmann auf der Zunge hatte, zurückzuhalten, musste dann aber doch noch klagenden Tons die Frage anbringen: »Warum drängt dieser Mann sich in unsere Familie hinein?«

»Vielleicht, weil er früher oder später einmal zu dieser gehören möchte«, sagte Wilhelmine, während ihr die Tränen über die Wangen liefen und Fatima sie mit mütterlicher Geste in die Arme schloss.

Rührende Szenen wie diese waren Leo schon deshalb zuwider, weil er gegen sie nicht ankommen konnte, ihnen also immer erlag. Dass er in diesem Falle dem Ansinnen der Tochter nachgeben musste, hing freilich auch damit zusammen, dass er Fatimas zärtliche Geste als Parteinahme für Wilhelmine deutete und auch selbst zugeben musste, dass es einen anderen Ausweg aus der Finanzmisere nicht gab.

30.

Die Glockentöne, die an einem dieser heißen und windstillen Tage um 12 Uhr mittags die Wittenhagener aufhorchen ließen, waren der geöffneten Fenster wegen auch in der Küche der Villa zu hören, wo Leo mit dem Aufwärmen des von Wilhelmine vorbereiteten Mittagessens für sich und Walter beschäftigt war. Seit jeher war es in Wittenhagen üblich gewesen, die Todesfälle durch mittägliches Glockenläuten anzuzeigen, und dieser Brauch hatte sowohl den politischen Umbrüchen des 20. Jahrhunderts als auch der allgemeinen Entchristlichung getrotzt.

Walter, der mit einem Schulfreund zusammen die meisten Ferientage an den Badeseen der näheren Umgebung verbracht hatte, war der übermäßigen Hitze wegen an diesem Tag zu Hause geblieben und hatte den Vormittag zur Freude seines Großvaters unter dessen Bücherschätzen verbracht. Das Totenläuten hatte ihn zum Handy greifen lassen, so dass er beim Essen dem Großvater schon berichten konnte, dass das Läuten dem alten Noack gegolten hatte, der sich am Abend wie üblich ins Bett gelegt hatte und am Morgen nicht wieder aufgewacht war.

»Ein Tod, aufs Innigste zu wünschen!«, sagte Leo, und da ihn wie immer, wenn er vom Tod Gleichaltriger hörte, mit der Trauer zugleich auch der Gedanke ans eigne Sterben bewegte, setzte er hinzu: »Früher oder später ist jeder damit dran!«

»Du aber, Großvater, musst noch lange leben! Versprichst du mir das?«

»Ich werde mir Mühe geben«, entgegnete Leo, ohne sich seine Rührung über die Frage anmerken zu lassen.

»Musst du oft an den Tod denken?«

»In meinem Alter ist das wohl nicht zu vermeiden, hat aber den Vorteil, dass man mit ihm vertrauter wird«, antwortete Leo, während er nach dem schwarzen Anzug suchte, der seit Marias Begräbnis nicht mehr angerührt worden war.

Als er sich vier Tage später zu Noacks Beerdigung fertig machte, erinnerte ihn sein Spiegelbild an eine Vogelscheuche, weil ihm der Anzug zu weit und zu lang geworden war. Zur Qual wurde ihm das Schwarz dann aber der Hitze wegen, die schon zu Beginn der Trauerfeier, um elf Uhr, kaum zu ertragen war. Hedwig, die christliche Veranstaltungen grundsätzlich nicht besuchte, war zu Hause geblieben, Walter aber war mitgekommen, weil er dort Frau Schmalfuß mit Tochter zu treffen hoffte, was Leo aber für unwahrscheinlich hielt.

Der Totenweg, der der Schlaglöcher wegen nur im

Schritttempo befahren werden konnte, führte über die endlos scheinende Ackerfläche schnurgerade auf den am Waldrand liegenden Friedhof zu. Da hier Bäume und Sträucher fehlten, war neben der Sonnenglut auch die Eintönigkeit schwer erträglich, denn der Raps, der im Frühjahr das Feld zu einem Meer gelber Blüten gemacht hatte, war durch die anhaltende Hitze schnell gereift und vertrocknet, so dass man sich langsam durch eine braungraue Ödnis bewegte, bis man endlich den Friedhofsvorplatz erreichte, auf dem die Autos schon so dicht beieinanderstanden, dass auch die gräberfreie Rasenfläche des Friedhofs zum Parkplatz gemacht worden war.

Wie zu allen Terminen war Leo auch diesmal pünktlich gekommen, doch wie üblich waren die Wittenhagener, getreu der Devise: Fünf Minuten vor der Zeit ist des Preußen Pünktlichkeit!, alle schon vor ihm an Ort und Stelle, so dass er oft vorwurfsvolle Blicke zu ertragen hatte, die diesmal aber ausblieben, weil alle Gesichter der Leichenhalle zugewandt waren, wo auf den wenigen Bänken die Familienangehörigen des Verstorbenen saßen und die Zeremonie gerade begann.

Das transportable Harmonium, das die Bestattungsfirma zur Verfügung gestellt hatte, intonierte das Vorspiel zu Paul Gerhardts »Befiehl du deine Wege«, nach dem dann aber nicht der Gesang der Gemeinde, sondern nur die jugendlich-helle Stimme der Pastorin zu hören war. Obwohl niemand mit einstimmte, sang sie tapfer alle zwölf Strophen, womit sie immerhin erreichte, dass einigen Leuten die Unkenntnis des Textes peinlich war. Zu ihnen gehörte auch Leo, der sich damit begnügen musste, die eingängige Melodie mitzusummen. Kirchenlieder gehörten nicht zu seinem Versrepertoire.

Walter hatte sich auf der Suche nach der Schmalfuß-Tochter durch die Menge bis in die Nähe der Leichenhalle drängen können, Leo aber war zurückgeblieben, so dass er von Anna Merkels am Sarge gesprochener Leichenrede nichts mitbekam. Sein schwarzer Anzug, in dem er mehr als die meist leichter bekleideten Wittenhagener unter der Hitze zu leiden hatte, schien schwer wie ein Panzer an ihm zu hängen, aus Pietät aber zog er die Jacke nicht aus. Da er das Stillstehen in der Menge bei dieser Hitze nicht lange aushalten konnte, hielt er sich fern von den anderen. Hier war es ihm möglich, einige Schritte zu machen und nach einer Sitzmöglichkeit Ausschau zu halten, die es aber auf diesem betonierten Friedhof so wenig wie ein schattiges Plätzchen gab.

Als ein dumpfes Gefühl von Taubheit ihm einen Schwächeanfall signalisierte, konnte er sich noch an die stabile Umzäunung flüchten, wo er, den Rücken an einen Zaunpfahl pressend, langsam in sich zusammensank. Da dabei seine Bewusstseinstrübung erst Sekunden später zur Ohnmacht wurde, konnte er noch beruhigt feststellen, dass sein Missgeschick unbemerkt geblieben war.

Aller Augen waren nämlich auf den Sarg gerichtet, der von sechs uniformierten Feuerwehrmännern aus der Halle getragen wurde, während das Harmonium das bei Trauerfällen bewährte »Nun nimm denn meine Hände« spielte und die junge Pastorin, die der Schar Noack'scher Kinder und Kindeskinder voranschritt, sich in allen sechs Strophen wieder als textsichere Solistin erwies.

Als Leo wieder zu sich kam und die Peinlichkeit seiner Lage durch den Versuch, sich aufzurichten, beenden wollte, konnte er noch den Sarg in der Grube versinken sehen. Sich an den Maschendraht klammernd, gelang es ihm, wieder auf die Beine zu kommen, so dass er noch hören konnte, dass sich die Trauergemeinde beim Beten des Vaterunser weniger passiv als beim Singen verhielt.

Während sich die Trauergäste zu einer Menschenschlange formierten, um im geordneten Nacheinander die symbolische Handvoll Erde dem Verstorbenen nachzuwerfen und der Familie ihr Mitgefühl zu bezeugen, stahl sich Leo, nachdem er vergeblich nach seinem Enkel Ausschau gehalten hatte, unauffällig davon. Es fiel ihm schwer, sich auf den Beinen zu halten, aber sein Enkel, auf den er sich hätte stützen können, war nicht zu sehen.

Er kam erst, als Leo sein Auto wieder erreicht hatte und auf dem Fahrersitz erneut in sich zusammengesunken war. Ohne den traurigen Zustand seines Großvaters zu beachten, verkündigte Walter ihm freudig, dass er Annalena und ihre Mutter tatsächlich getroffen habe und mit ihnen zusammen zu Noacks fahre, wo doch die Bestattungsfeier mit der Kaffeetafel zu Ende gehe. »Dort sehen wir uns dann wohl wieder. Tschüss, Großvater!«

Wäre Leo zu einer Antwort fähig gewesen, hätte er dem Jungen Glückwünsche mit auf den Weg gegeben, er konnte aber nur kopfnickend seine Zustimmung bekunden und war Sekunden später in einen Tiefschlaf versunken, der mehr einer Ohnmacht ähnelte, wie ihm nachträglich schien. Als er erwachte, spürte er, dass er von starken Armen aus dem Auto gehoben wurde, und als seine Augen ihm wieder gehorchten, musste er peinlicherweise mehrere besorgte Gesichter um sich sehen. Gestützt von einem der Feuerwehrmänner konnte er aus einer ihm hingereichten Flasche einige Schluck Wasser trinken, auch einige Schritte machen und mit verlegenem Lächeln Cornelia zustimmen, die sein Auto einen Brutkasten und ihn leichtsinnig nannte. »In Ihrem Alter bleibt man bei dieser Hitze zu Haus!«

Auf dem Parkplatz standen neben seinem Auto nur noch die Wagen der Noack-Familie und der Kleinbus der Bestattungsfirma, deren Mannschaft mit dem Zuschütten des Grabes beschäftigt war. Obwohl Leo meinte, allein nach Hause fahren zu können, wurde er von Cornelia angewiesen, die Autoschlüssel ihrem Bruder zu geben und in ihr Auto zu steigen, wo er sich auf dem Rücksitz zwischen ihre zwei kleinsten Söhne setzte und bald wieder in einen Tiefschlaf verfiel.

Auf Noacks Hof hatten sich die Trauergäste wieder versammelt, doch saß nur ein Teil von ihnen auf den wackligen Bänken der langen Kaffeetafel, die von der Autowerkstatt bis zur Tür des Friseursalons reichte und mit Kuchen, Torten und Kaffeekannen bestückt war. Die meisten Gäste hatten sich in den Schatten des Wohnhauses geflüchtet, wo man zwar stehen musste, aber näher an den Bier- und Mineralwasservorräten war. Noacks Witwe aber, die ihre Beleibtheit ganz in Schwarz gehüllt hatte, war, der Sonnenglut trotzend, auf dem Ehrenplatz an der Stirnseite der Tafel sitzen geblieben, wo sie sich, als Leo herantrat, um ihr endlich auch sein Beileid auszusprechen, gerade ein weiteres Stück Sahnetorte auf den Pappteller lud. Da er dem üblichen »tiefempfundenen Beileid« die Bemerkung anfügte, auch er werde den ihm von Kindheit an bekannten Verstorbenen vermissen, fühlte die Witwe sich dazu berechtigt, ihre Trauermine, die ihr nur wenige Worte gestattet hatte, abzulegen und ihrem natürlichen Redebedürfnis wieder freien Lauf zu lassen, was für Leo bedeutete, noch ein Weilchen auf dem Sonnenplatz an ihrer Seite fixiert zu sein.

Wie er nun von Frau Noack erfahren konnte, hatte der Tod des Verstorbenen dessen mehrfach geäußerten Wunsch, den Leo Leydenfrost überleben zu können, nicht in Erfüllung gehen lassen, der Witwe aber hatte er neben der Trauer auch Erleichterung gebracht. Die jahrelange Pflege des Gelähmten, die sie ihm selbst auf dem Klo habe leisten müssen, sei wahrhaftig kein Zuckerschlecken gewesen, und gedankt habe er es ihr nie. Die Ruhe, die er jetzt genieße, werde auch sie sich gönnen, fürchte aber, dass sie sich einsam fühlen werde, denn die Nachkommenschaft habe doch andere Interessen und immerfort fernsehen könne man nicht.

Hätte Leo noch eine Minute länger den Redestrom der Witwe ertragen müssen, wäre ihm das Versprechen, ihr häufig Gesellschaft zu leisten, nicht erspart geblieben, die Störung durch seine Tochter aber bewahrte ihn davor.

Wilhelmine nämlich, die Cornelia telefonisch alarmiert hatte, benahm sich wie eine strenge Gouvernante, die ihren entflohenen Zögling endlich wieder in ihre Obhut nehmen kann. Sie überhäufte ihren Vater seines Leichtsinns wegen mit Vorwürfen, dankte Cornelia für seine Rettung und beschwor ihn, hier länger nicht herumzusitzen, sondern einen Arzt aufzusuchen, um klären zu lassen, ob der Sonnenstich folgenlos geblieben sei. Sie behauptete, ihn einer Unterschrift wegen schon stundenlang gesucht zu haben, fragte wieder und wieder, warum er sie von seinem Friedhofsgang nicht unterrichtet habe, und dabei zog sie ihn von der Witwe fort in den Schatten des Hauses, wo sie ihm ein Glas Mineralwasser aufnötigte und ihn dann in ihrem Auto nach Hause fuhr.

Auf der kurzen Fahrt zur Villa, die Leo nur halbwach erlebte, durchfuhr ihn plötzlich der schreckliche Gedanke, dass nun für ihn die Zeit der altersbedingten Hilflosigkeit gekommen sei. Als Folge seiner körperlichen Schwäche glaubte er auch eine Willensschwäche erkennen zu können, die ihn der Tochter völlig ausliefern konnte, wenn er nicht Widerstand leistete, sondern sich weiterhin so gehenließ. Als sie ihm half, aus dem Auto zu steigen, und ihn dann gleich an den Schreibtisch beordern wollte, glaubte er in der Ungeduld, die sie dabei zeigte, schon Anzeichen künftiger Tyrannei erkennen zu können, weshalb er darauf bestand, sich erst umzuziehen.

Erst als er sich seines schwarzen Anzuges entledigt hatte, ließ er sich von Wilhelmine zum Schreibtisch geleiten, wo sie ihm das Schriftstück vorlegte, das so schnell wie möglich nach Potsdam gefaxt werden müsse, es fehle nur noch seine Unterschrift.

Leos Bedürfnis, sich hinzulegen und Ruhe zu finden, war so übermächtig, dass es ihm Mühe machte, zur Kenntnis zu nehmen, was er da unterschrieb. Das Papier war mit »Vereinbarung« überschrieben und sein kurzer Text besagte, dass die »oben genannte Firma« die Ausgestaltung der für den 5. August geplanten Leydenfrost'schen Familienfeier übernehme und damit die Erlaubnis erwirke, im Eigeninteresse werbend tätig zu sein. Da im Rahmen der Familienfeier auch eine Spendensammlung für Geflüchtete stattfinde, sei sie von steuerbegünstigtem öffentlichem Interesse, nämlich ein wichtiger Beitrag zur Willkommenskultur.

Dass die im Kopf des Papiers genannte Firma nicht

den Namen »Aktion Neue Heimat« führte, sondern sich »Holiday Resort Seeblick« nannte, kam Leo erst im Bett zu Bewusstsein, als er sich schon wieder am Rande eines erneuten Tiefschlafes befand.

31.

Schon zwei Tage nach Noacks Begräbnis war Leo wieder auf den Beinen, Hedwig dagegen wurde von der anhaltenden Hitze Tag um Tag mehr geschwächt. Nach fast schlaflosen Nächten war sie früh munter, aber nie richtig wach. Sie war unfähig, etwas zu unternehmen, und selbst die gewohnten Tätigkeiten wie das Ankleiden, Waschen und Essen strengten sie wie Schwerstarbeit an. Morgens vor Sonnenaufgang saß sie am offenen Fenster, um Spuren von Kühle spüren zu können, später schloss sie die Vorhänge, um die Sonnenstrahlen abzuwehren, saß aber nur vor sich hin brütend untätig herum. Einen Arzt zu konsultieren, lehnte sie ab, da ihr ja nichts als die Normaltemperatur fehle, und Fatimas Vorschlag, ein paar Tage im Bett zu bleiben, quittierte sie mit den Worten: das würde nur den Tod anlocken, zu diesem aber sei sie noch nicht bereit.

An einem von diesen tropisch-heißen Tagen traf nun auch die angekündigte Einladung zum Gründungsjubiläum ihrer Partei in der Villa ein. Leo, der den Brief zu Hedwig hinaufbrachte, fand sie noch apathischer und wortkarger als am Vortage, und alle seine Ermunterungsversuche schlugen fehl. Den Brief wollte sie erst achtlos beiseitelegen, öffnete ihn dann aber auf Leos Drängen, ohne erkennen zu lassen, ob sie ihn ganz begriff.

Frau Grünlich, die das Schreiben unterzeichnet hatte, ließ die Parteifreundin darin wissen, dass mit ihrer Mitwirkung am Jubiläum fest gerechnet werde, weil als »Highlight des Events« nämlich die Ehrung ihrer unvergessenen Verdienste vorgesehen sei. Danach rechne man mit ihren Dankesworten, für die in der Tagesordnung »ein Limit von einer halben Stunde« vorgesehen sei. »Nicht nur alle Parteifreundinnen und -freunde, sondern auch unsere Wählerinnen und Wähler wie auch andere Bürgerinnen und Bürger hoffen von Ihnen hören zu können, wie die legendäre Hedy heute über akute Themen wie *Ehe für alle!* und *Keine Obergrenze!* denkt. Selbstverständlich werden wir Sie von Ihrem entlegenen Wohnsitz abholen lassen. Auch die Rückfahrt zu jedem gewünschten Zeitpunkt ist selbstverständlich garantiert.«

In der Hoffnung, seiner Schwester wenigstens die Spur eines Lächelns abringen zu können, wiederholte Leo in gehobener Stimmlage die von ihm als amüsant empfundene Passage mit den doppeltgenannten Wähler- und Bürgerinnen, hatte damit aber keinen Erfolg. Hedwigs Leidensmiene blieb unverändert, als sie mit dünngewordenem Stimmchen erklärte, auf die Teilnahme in Potsdam verzichten zu wollen, und dann zu Leos Überraschung hinzufügte: »Vielleicht bist du so gut und schreibst der Grünlich, bedauerlicherweise sei ich erkrankt.«

Leo, der sich in der Hitze und Schwüle des Tages zum Briefeschreiben unfähig fühlte, schob die unangenehme Aufgabe bis zum Sonnenuntergang auf. Sein erster Gedanke, die Absage mit einer kurzen Postkartenmitteilung hinter sich zu bringen, wurde verworfen, als er abends vor dem Computer sitzend sich seiner kurzen Begegnung mit Frau Grünlich wieder entsann. Da er die Belehrungen, die sie ihm damals erteilt hatte, noch im Ohr zu haben meinte, floss ein wenig von seiner damaligen Enttäuschung über die ansehenswerte Dame in seinen Absagebrief mit ein.

»Sehr geehrte Frau Grünlich,

im Auftrag meiner Schwester, Frau Dr. Hedwig Leydenfrost, möchte ich Ihnen für die freundliche Einladung zum Parteigründungsjubiläum danken und Ihnen die Mitteilung machen, dass der fast Neunzigjährigen ihres schlechten Gesundheitszustandes wegen die Teilnahme an Ihrer Veranstaltung zu ihrem Bedauern nicht möglich ist.

So weit mein Auftrag, dem ich aber die Bitte hinzufügen möchte, das Wort *Bedauern* als Höflichkeitsfloskel zu betrachten, also nicht ernst zu nehmen. Denn dass meine Schwester es tatsächlich bedauert, die halbstündige, auf Ihre akuten Wahlkampfthemem fokussierte Rede, zu der Sie sie verdammen wollten, nicht halten zu können, halte ich für absurd.

Da mir schon vor einigen Monaten, sehr geehrte Frau Grünlich, die Ehre zuteilwurde, mich von Ihnen auf dem hiesigen Dorffriedhof belehren zu lassen, erlaube ich mir noch einige über meinen Auftrag hinausgehende Bemerkungen, die Ihnen vielleicht helfen werden, Leute, die sich ein unabhängiges Denken zu bewahren suchen, besser zu verstehen. Wer die Kurzlebigkeit politischer Grundsätze und Meinungen schon oft hat erleben müssen, wird früher oder später einmal, und sei es auch nur um der Selbstachtung willen, alles als korrekt bezeichnete Vorgedachte zum Teufel wünschen und sich des eignen Verstandes zu bedienen versuchen, also die Vernunft walten lassen, vor der beispielsweise weder Ihre *Ehe für alle!* genannte Kampagne noch Ihr Beharren auf dem Grundsatz *Keine Obergrenze!* bestehen kann.

Da die Ehe von jeher als die Verbindung von Mann und Frau verstanden und der zum Überleben unserer Gattung notwendigen Kinder wegen von Staat und Religion geschätzt und geschützt wurde, handelt es sich bei *Ehe für alle* um eine vom Parlament verordnete Begriffsumwertung, die dem aus der utopischen Literatur bekannten Neusprech nicht unähnlich ist. Mag man diese sprachliche Trickserei, weil einer Minderheit dienend, noch durchgehen lassen, so muss das Schlagwort *Keine Obergrenze!* als der Ausdruck reiner Unvernuft betrachtet werden. Denn alle Notleidenden der Welt bei sich aufzunehmen, kann doch nur ein Politiker fordern, dessen Verstand von Allmachtsphantasien vernebelt ist.

Der Verstand meiner Schwester aber scheint mir mit wachsendem Alter immer klarer zu werden, wofür mir auch ihre Unlust, sich für vergangene Irrtümer feiern zu lassen, zu sprechen scheint. Ihren 90. Geburtstag werden wir am 5. August in Wittenhagen feiern. Auch Sie sind dazu herzlich eingeladen.

Für Ihre Jubiläumsfeier wünsche ich Ihnen Erfolg

Ihr Leonhardt Leydenfrost«

32.

»Allein dieses Sommermorgens wegen lohnt es, noch am Leben zu sein«, dachte Leo, als er aus der Tür tretend die kühl und feucht gewordene Luft atmete, die ihn munter machte und ihm neue Kräfte zu geben schien. Das Gewitter, das um Mitternacht mit plötzlicher Heftigkeit begonnen hatte, war mit Wetterleuchten und fernem Donnergrollen noch bis zum Morgengrauen tätig gewesen, hatte ihn lange wach gehalten, ihm dann aber zwei Stunden köstlichen Tiefschlafs beschert. Die schwüle Hitze der letzten Wochen, von der sich im Hause noch Reste gehalten hatten, war von den Stürmen und Regengüssen vertrieben worden, die Luft über den Äckern war wieder klar geworden, der ferne Waldrand, der sich wochenlang in Dunst gehüllt hatte, war wieder gestochen scharf zu sehen.

Trotz der Schwindelgefühle, gegen die Leo an fast jedem Morgen anzukämpfen hatte, konnte er der Versuchung, in diese Frische hinauszulaufen, nicht widerstehen. Er löste sich also von der Säule, an die er sich vorsichtshalber gelehnt hatte, und machte sich schwankenden Gangs auf den Weg. Die dabei aufkommenden Erinnerungen an ähnliche Morgen in glücklicheren Zeiten waren jetzt nicht mehr, wie noch vor einigen Jahren, mit Trauer verbunden, weil er inzwischen gelernt hatte, sich des Glücks, das er einmal gehabt hatte, erinnernd erneut zu erfreuen. Er konnte sich also auf seinem Spaziergang noch einmal von Maria begleiten lassen und so noch einmal erleben, dass die Freude an dem in Blüte stehenden Feldrain in ihrer Begleitung doppelte Freude gewesen war.

Die den Villenweg begleitenden Raine, die schon die Pflüge der LPG reduziert hatten, waren inzwischen noch schmaler geworden, hatten aber die Vielfalt ihres Bewuchses mit Gräsern, Kräutern und vereinzelten Sträuchern bewahrt. Der von den Fahrzeugen aufgewirbelte Staub, der in den Hitzewochen alle Farben hatte ergrauen lassen, war vom Regen abgespült worden, und die Tropfen, die noch an Halmen und Blättern hingen, blitzten in den flach einfallenden Sonnenstrahlen silbern und golden auf. Das Gelb des Johanniskrauts, das Anfang des Monats hier vorgeherrscht hatte, war von dem Hellblau der Wegwarte und dem Dunkelblau des borstigen Natternkopfes abgelöst worden, die weißen Blütendolden der Schafgarbe schwankten an ihren hohen Stielen, und vereinzelt leuchtete auch noch eine verspätete Blüte des Klatschmohns zwischen den verholzten Stängeln des Beifußes auf.

Da Maria ihm beigebracht hatte, alle diese Pflanzen wahrzunehmen und zu benennen, wollten sie ihm jetzt als ihre Geschenke erscheinen, die es auch weiterhin zu würdigen galt. Sie unbeachtet zu lassen wäre Verrat an der Verstorbenen gewesen. Die Pflanzennamen, die er früher schnell wieder vergessen hatte, waren ihm nach dem Tod Marias immer gegenwärtig geblieben, und auch den spielerischen Ton ihrer Belehrungen hatte er noch im Ohr. Um ihr eine Freude zu machen, liebte er es, den gelehrigen Schüler zu mimen, der aufmerksam lauschte, wenn sie, am Boden hockend, ihn mit den Eigenschaften des Laabkrauts bekannt machte oder ihm auseinandersetzte, welche Entwicklungsstadien der Huflattich durchlief.

Der aggressive Laut einer Autohupe machte Leos Erinnerungen ein jähes Ende, und als er aufblickte, sah er, dass auf der nahen Chaussee ein Auto gehalten hatte, dessen Fahrer beim Aussteigen schon ein fröhliches »Juten Morjen!« über die Äcker schrie. Kurt Kulicke, der seine gedrungene Gestalt mit halblanger Hose und der kurzärmligen Security-Jacke bekleidet hatte, war offensichtlich gut gelaunt. »Gratuliere! Gratuliere!«, rief er schon im Näherkommen, und als er dann fest und ausdauernd Leos Hand drückte, wurde auch klar, wozu er ihm gratulierte, er sagte nämlich: »Dass Sie Meldung von Ihrem Sohn jekriegt haben, hat uns alle jefreut. Dass einer wie er nicht unterzukriegen ist, hab ick doch schon immer jesagt.«

Leo, der sich aus seinen Erinnerungswelten nur

schwer zu lösen vermochte, wollte zwar seinen Groll über die Störung nach außen kehren, sich also abweisend zeigen, doch Kulickes Herzlichkeit hinderte ihn daran. Er war also gezwungen, die Gratulation mit einem Dank zu quittieren, doch als er dann noch von Kulicke hören musste, dass Rainers ehemaligen Genossen ein Begrüßungsfest für ihn planten, setzte sich doch noch die Entrüstung in ihm durch.

»Das wird dann wohl eine Erinnerungsfeier mit DDR-Fahne und alten Kampfliedern werden, wie sie kürzlich von NVA-Generälen beim Begräbnis ihres Verteidigungsministers veranstaltet worden ist.«

»Nee, nee!«, sagte Kulicke, indem er ein überlegenes Lächeln aufsetzte. »Mit so wat können Sie unserm Chef nicht kommen, da sind Sie bei ihm an der falschen Adresse. Für Nostalgie is der nicht zu haben. Rückwärts nimmer, vorwärts immer, ist seine Devise auch noch heute. Und vorwärts geht's doch, oder etwa nicht?«

Diese Frage, auf die eine Antwort nicht erwartet wurde, war für Kulicke Auftakt zu längeren Ausführungen, in denen Leo in waschechtem Berlinisch klargemacht wurde, dass sein Chef mit Nostalgikern nichts am Hut hatte, weil er mit dem gegenwärtigen Deutschland sehr zufrieden war. Was andere Leute »Zusammenbruch« oder »Wende« nannten, wurde von Kulickes Chef als »Fortsetzung« bezeichnet, in der der Einsatz, den man in Uniform begonnen hatte, in Zivilklamotten weiterging.

Wie Leo bald merkte, schien Kulickes Chef, also

Herr Hoffmann, eine Vorliebe für Metaphern zu haben, denn dass der Bilderreichtum, der Kulickes Ausführungen zierte, eigne Erfindung sein könnte, schloss Leo aus. Da wurde »Bonn« (will sagen: die Bonner Republik) als wohlhabend, aber »lahmarschig« beschrieben, als »müder Haufen«, den auf Trab zu bringen 1990 an der Zeit gewesen sei. Den Herren am Rhein sei, wie Leo weiter erfahren konnte, der scheinbar fette Bissen des östlichen Landes im Halse steckengeblieben, weil er sich nicht als fett, sondern als treibstoffhaltig erwiesen habe. Dann wieder war Bonn in Kulickes Reden die schrottreife Lokomotive, die erst wieder Fahrt aufnehmen konnte, als die zugestiegenen Ostleute, die sich mit Schrott auskannten, die alte »Nuckelpinne« wieder fahrtüchtig gemacht und den Führerstand besetzt hatten, so dass man doch noch hoffen konnte, rechtzeitig in der Neuzeit mit ihrer totalen Überwachung, den berufstätigen Müttern und den staatlich gelenkten Kinderbewahranstalten anzukommen, wo man sich als Zugestiegener auskannte, weil man dort doch schon einmal gewesen war.

Ohne Leo Gelegenheit zu eignen Äußerungen zu geben, kam Kulicke dann von der politischen auf die persönliche Lage zu sprechen, von der er mehrfach sagte: »Da kann man nicht meckern!« oder »Was will man mehr?«

Zwar war er wie eh und je viel »auf Achse«, aber nicht mehr im Trecker »ufm Acker«, sondern im Dienstwagen, einem Audi, mit dem er schnell von einem Standort der Security zum nächsten kam. Mit seiner Truppe, die ständig vergrößert werden musste, war er jetzt auch im Nachbarkreis tätig, wo es mehr Flüchtlingsheime gab. »Da dauernd geklaut wird und die Polizei nicht uf Draht ist, jibt et ooch sonst noch ville zu bewachen, Baustellen besonders, wie unsere Reithalle, die bekanntlich gleich nach der großen Geburtstagsfeier zu einer piekfeinen Edelherberje umjebaut wird. Aber det allet werden Sie ja von Ihre Tochter schon wissen, ooch det der Chef ausgezeichnet wurde, als erfolgreichster Start-up. Eijentlich, sagt er, ist ihm das schnuppe, is aber jut, um Kredite zu kriejen. Die neue Firma, die »Holiday Resort«, wirft ja bisher noch nichts ab, nur sein zweites Standbein, die Security, floriert prächtig. Ihr Sohn, der Major, wenn er erst da is und nichts Besseres vorhat, tritt er vielleicht bei uns ein. Ein Besserer, sagt der Chef, findet sich nicht.«

33.

Verglichen mit anderen Dörfern dieser Gegend war Wittenhagen unbedeutend zu nennen, und das nicht nur seiner geringen Einwohnerzahl wegen, die die Zweihundert nie überschritten hatte. Seine Äcker waren vorwiegend sandig, die Wiesen nur in Jahren mit günstigen Wetterlagen ertragreich und das bisschen Kiefernwald kümmerlich. Fernstraßen und Eisenbahnen hatten es abseits liegen lassen, und die Verbindungsstraßen zu den Nachbardörfern hatte man erst am Ende des zwanzigsten Jahrhunderts asphaltiert. Nie ist es seiner Lage oder seiner Bauwerke wegen von Reiseführern angepriesen worden, so dass es auch auf keiner markierten Route für Fuß- oder Radwanderer lag.

Es war also verständlich, dass die ungewöhnlich vielen Fahrzeuge, die am 4. und 5. August 2016 den Ort ansteuerten, in den Nachbardörfern die Frage aufkommen ließen, was es dort wohl zu sehen oder zu erleben gab. Auch in der Kreisstadt, in dessen Verkehrsgewimmel die Fahrzeugvermehrung nicht auffallen konnte, war diese Frage zumindest in dem Service-Point genannten Tourismusbüro zu hören, weil nämlich alle Zimmer des »Roten Adlers« ausgebucht waren und auch bei Pensionen und Zimmervermietern kein Bett mehr zu haben war.

Selbst in der privat geführten Jugendherberge am Spreeufer waren keine Plätze in den Mehrbettsälen mehr zu vergeben, so dass die mit dem Motorrad gekommene Clothilde Leydenfrost aus Winsen noch am späten Abend des 4. nach Wittenhagen fahren und sich dort zur Villa durchfragen musste, wo nur noch Tante Wilhelmine auf den Beinen war. Nachdem die Siebzehnjährige sich aus ihrer Motorradkluft geschält hatte, wurde ihr in der Küche ein Behelfslager bereitet, aus dem sie sich erst am Morgen, als ihr Großonkel kam, wieder erhob.

Leo war also gezwungen, am Morgen des von ihm langerwarteten, von Hedwig eher gefürchteten Festtages die Gesellschaft seiner jungen Verwandten zu ertragen, was ihm aber leichtgemacht wurde, weil diese sich gut gelaunt am Kaffee- und Eierkochen beteiligte und ihm in ihrer sparsamen, aber geschmackvollen Sommerkleidung und ihrem rotblonden Mozartzopf einen angenehmen Anblick bot. Ihre Sprache hatte eine ihm zusagende norddeutsche Klangfärbung, und ihre dauernde Fragerei zeugte von einer vorurteilsfreien Neugier, die ihn, als er ihr die Geschichte der Villa und ihrer Bewohner zu erklären versuchte, sogar redselig werden ließ. Dass sie ihn ohne Scheu duzte und Onkel Leonhardt nannte, bewies ihm, dass man in Winsen verwandtschaftsbewusster als in Wittenhagen dachte, und obwohl Thilde, wie sie genannt werden wollte, die Eier zu hart gekocht hatte, kam keine Spur von Unmut über die Morgenbelästigung bei ihm auf.

Als Wilhelmine kam, um auf nüchternen Magen ihren Kaffee zu trinken, ohne den sie angeblich den Tag nicht beginnen konnte, war Leo erstaunt darüber, wie gut sie mit dem Mädchen umgehen konnte und wie leicht dieses sich in die Rolle einer dienstbereiten Tochter drängen ließ. Während die Frauen darüber berieten, wie, wo und wann die Speisen und Getränke des Partyservice zu servieren waren, machte sich Leo auf den Weg zur Reithalle, denn schon seit dem Morgengrauen hatte er vom Gutshof her Hammerschläge und Motorengeräusche gehört. An der Treppe zum ersten Stock wurde er von Fatima aufgehalten, die, noch ungekämmt und im Morgenmantel, ihm berichtete, dass Hedwig des kommenden Festes wegen kaum habe schlafen können, gegen Morgen aber doch noch eingeschlafen sei. Er möge sich also keine Sorgen machen, wenn er sie später als gewöhnlich auf den Beinen sehe. Zu Beginn des Festes, das um 11 Uhr beginnen sollte, stehe sie sicher bereit.

Auf dem Gutshof, den man von landwirtschaftlichen Maschinen und Geräten geräumt hatte, war ein Festzelt errichtet worden, über dessen Einfahrt eine 90 prangte, die von einer goldfarbenen Girlande umrahmt war. Aus dem Lieferwagen des »Märkischen Partyservice« wurden von Männern in einheitlicher Arbeitskleidung Tische und Bänke ausgeladen und im Zelt aufgestellt. Die Reithalle war in den letzten Tagen neu verputzt und weiß gestrichen worden, und vor ihren Eingang, über dem man in Leuchtbuchstaben »Holiday Resort Seeblick« lesen konnte, hatte man einen gläsernen Vorbau gesetzt. In diesem waren drei Security-Männer mit dem Aufstellen von Schautafeln beschäftigt, auf denen in Schrift und Bild nicht nur ein »Wellness-Center« angepriesen wurde, sondern auch ein Raum, der sich »Climatic Spa« nannte, zu sehen war.

Um eine erneute Begegnung mit Kulicke zu vermeiden, verzichtete Leo auf einen Blick in die im Umbau befindliche Reithalle, schaute nur kurz in das Festzelt und ging wieder zur Villa zurück. In den noch verbleibenden Stunden wollte er sich der Festansprache widmen, mit der er schon seit Tagen beschäftigt war. Da er sich anfangs eingebildet hatte, frei sprechen zu können, hatten sich seine Vorarbeiten zuerst nur auf einen Zettel mit einigen Schlagworten beschränkt, später aber hatte ihn dann die Furcht steckenzubleiben doch noch zur wortwörtlichen Ausarbeitung geführt.

Es war ihm mit dieser Rede also ähnlich wie mit seinen Romanfragmenten ergangen: Mit der Wortwerdung der Pläne wurden sie banal. Die elegante Lockerheit, mit der er das lange Leben der Jubilarin mit kritischen Gedanken über die Fehlentwicklungen der letzten Jahre hatte verbinden wollen, war ihm beim Formulieren abhandengekommen, seine

Glossen waren zu Thesen erstarrt. Witzig hatte er darstellen wollen, wie die Meinungsmacher jede ihnen nicht passende Meinung im Namen der Meinungsfreiheit zu unterdrücken versuchen, unserer Sprache die Schönheit und Verständlichkeit nehmen und uns lehren wollen, fremde Kulturen höher als die eigne zu achten, aber geraten war ihm das alles nicht witzig, sondern nur bitterernst. Statt Spottlieder hatte er Klagelieder angestimmt. Der Satiriker, der er gern hätte sein wollen, hatte sich wieder einmal als unfähig erwiesen. Richtig witzig konne er nur in Gedanken sein.

Kurz bevor er die Villa wieder erreichte, musste er seine Hoffnung auf einige ungestörte Stunden am Schreibtisch wieder begraben, weil er vom Dorf her Cornelia in Begleitung zweier Frauen kommen sah. Die großen Blumentöpfe, die sie im Arm hatten, mussten sie vor den Säulen absetzen, um Leo die Hand reichen zu können. Zwar begrüßte er sie mit einem »Herzlich willkommen!«, konnte aber seinen Unmut über die frühe Störung nicht verbergen, was Cornelia zu der Entschuldigung veranlasste: »Wir wollten doch beim Gratulieren die Ersten sein.«

Die Befangenheit, die die sonst so selbstbewusste Friseuse zeigte, verführte sie auch dazu, umständlich zu erläutern, dass das von ihr benutzte Wir nicht nur ihre Familie meine, sondern das ganze Dorf. »Wir wollten doch eher gratulieren als alle die andern. Sagen Sie das doch bitte dem Geburtstagskind.«

»Das will ich gern tun, und sie wird es freuen«,

sagte Leo. »Ich fürchte aber, sie wird jetzt noch nicht empfangsbereit sein.«

Aber die Frauen wollten gar nicht ins Haus kommen, denn sie wüssten, wie Cornelia meinte, wie störend ein Besuch am frühen Morgen sei. »Wir sind gleich wieder weg.«

Als Leo nun sagte: »Aber zur Feier um elf Uhr seid Ihr doch alle wieder da!«, verstärkte sich der ungewohnte Zug von Verlegenheit in Cornelias Miene, als sie, schon im Weggehen, sagte: »Fast hätte ich es vergessen, auch für die Einladung zu danken. Das war sehr nett von Ihnen. Ich glaube aber kaum, dass viele kommen werden, denn unter all den Fremden stören wir doch nur.«

In dem Moment, in dem Leo »Das ist doch Unsinn, Cornelia!« sagen wollte, erschrak er vor einem vorfahrenden Taxi mit weiteren verfrühten Gästen, so dass er die Dorffrauen, die dem Wagen hatten ausweichen müssen, nicht mehr beachtete und sie ohne ein klärendes Wort gehen ließ.

Mit einem »Hallo!«, das von Leo mit einem scharfartikulierten »Guten Morgen!«, beantwortet wurde, stieg ein festlich gekleideter Mann mittleren Alters aus dem Taxi und stellte sich, eine Verbeugung andeutend, als »Leydenfrost aus Winsen« vor. Um merken zu lassen, dass er das witzig meinte, ließ er dazu ein Kichern hören, durch das Leo sich verpflichtet fühlte, die spaßige Selbstvorstellung nachzuahmen, was nicht nur ein erneutes Kichern zur Folge hatte, sondern auch eine Umarmung und den Ausruf: »Genau so habe ich mir Onkel Leonhardt immer vorgestellt!«

Die Frau seines Neffen aus Winsen namens Amalie belästigte Leo nicht mit einer Umarmung, wofür er ihr dankbar war. Sie fragte sofort nach dem Wohlbefinden ihrer motorradversessenen Tochter und ging gleich ins Haus, um sie zu begrüßen, während ihr Mann eine Überraschung ankündigte, einen Posaunenstoß imitierte und dabei einem gehbehinderten alten Mann aus dem Taxi half.

»Mein Vater«, verkündete er strahlend, »hat eisern darauf bestanden, die Reise in den fernen Osten mitzumachen. Er will nicht nur Tante Hedwig persönlich gratulieren, sondern auch das Grab seines Vaters noch einmal sehen.«

Leo, der törichterweise bei der Begrüßung seines invalid gewordenen Cousins behauptete, dieser habe sich kaum verändert, wurde mit einem bissigen: »Das kann nur an deiner Altersblindheit liegen!« zurechtgewiesen, hörte sich dann aber Heinrichs Erinnerungen an seinen Kurzbesuch in Wittenhagen vor fast zwanzig Jahren gern an.

Während Vetter Heinrich lustig erzählte, wie ihn, den leidenschaftlichen Autofahrer, damals die schlechten Straßen im Osten verbittert und die vielen unbesiedelten Flächen zu Träumereien über billiges Bauland verführt hatten, konnte Leo an sich bemerken, dass von der Abneigung, die ihm der reiche und weltläufige West-Cousin bei Onkel Eckhardts Begräbnis damals eingeflößt hatte, kaum noch etwas übrig geblieben war. Damals hatte er den Besserwisser, der mit seiner Heimatlosigkeit prahlte und sich Henry nannte, um ihn zu ärgern, Heini gerufen und ihn unerträglich gefunden, jetzt aber konnte er ihn wie selbstverständlich Heinrich nennen und sich mit ihm schon allein des gemeinsamen hohen Alters wegen solidarisch fühlen, auch schien ihm, dass der damals ganz außengeleitete Vetter, der sich bemüht hatte, einem zynischen Geschäftsmann zu gleichen, offensichtlich erst im Alter zu sich selbst gekommen war. Die Jagd nach Geld hatte er aufgegeben, sein Haus am Mittelmeer der Caritas gestiftet und sich, von Heimweh getrieben, eine Wohnung in der Nähe seines Sohnes in Winsen gesucht. Heute war ihm der Wunsch seines Vaters, in heimatlicher Erde begraben zu werden, durchaus verständlich, und die gute Luft und die Stille des Dorfes wurden von ihm gelobt. Er vor allem hatte dazu gedrängt, der Einladung zu Hedwigs Geburtstag zu folgen, und während die Gäste in der Küche bei einem von Wilhelmine und Thilde rasch bereiteten Frühstück saßen, war er es, der dafür plädierte, den nächsten Urlaub im deutschen Osten zu verleben, statt in Italien oder in Afrika.

Als Leo glaubte, sich endlich an sein Redemanuskript zurückziehen zu können, erschien Walter, der Langschläfer, und musste der Verwandtschaft vorgestellt werden, wobei wieder kostbare Zeit verging. Man entschloss sich, die noch verbleibenden zwei Stunden zu einem Spaziergang ins Dorf zu nutzen, bei dem Walter, sich immer an Thildes Seite haltend, die Führung übernahm.

Leo konnte nun endlich am Schreibtisch sitzen und schon seinen Anfangssatz unmöglich finden, als Fatima ihn mit der Frage störte, ob es nicht an der Zeit sei, Hedwig zu wecken, sie reagiere nicht auf ihr Klopfen, schlafe offensichtlich noch immer tief.

34.

Obwohl die Dorfbewohner der Einladung zur Geburtstagsfeier tatsächlich nicht nachgekommen waren, war der Andrang groß. Der Gutshof war zum Parkplatz geworden, und auch auf der zu ihm führenden Straße, über die nun keine Traktoren mehr rollten, so dass sich im Kopfsteinpflaster schon Graswuchs zeigte, standen Autos in langer Reihe, darunter auch der Wagen des Film-Teams Borkowski, dessen knallroter Anstrich besonders auffallend war.

Der Augusttag, der am Morgen mit einigen Streifen von Bodennebel schon auf den kommenden Herbst verwiesen hatte, schien zu einem prächtigen Sonnentag werden zu wollen, so dass sich die kostspielige Errichtung des Zeltes als unnötig erwiesen hatte, vielleicht sogar lästig werden konnte, wenn die Sonne höher stieg. Schon eine Viertelstunde vor Beginn der Feier war es unter dem Zeltdach heiß und stickig geworden, weshalb es einige Besucher vorgezogen hatten, den Beginn der Feierlichkeiten draußen zu erwarten, wo ein frischer Wind die vier an Masten aufgezogenen Fahnen mit der Aufschrift »Holiday Resort Seeblick« in Bewegung hielt. Die an ihren Kameras kenntlichen Mitarbeiter Borkowskis gönnten sich, bevor sie ihre Arbeit begannen, noch eine Zigarette, Frau Schmalfuß hielt dem Landrat das Mikrophon vor die Nase und versuchte ihm einige Worte zum Lobe der Jubilarin zu entlocken, während Kulicke, vor dem Zelteingang hin und her gehend und aufmerksam um sich blickend, durch Halbuniform und straffe Haltung bekundete, dass er für die Sicherheit zuständig war.

Blumen und Geschenke, die trotz der Aufforderung, auf sie zu verzichten, mitgebracht worden waren, konnten auf einem Tisch am Zelteingang abgelegt werden, im Innern des Zeltes, wo schon Wasserflaschen geöffnet und Salzstangen geknabbert wurden, hatten sich die Gäste, die einander kannten, in Gruppen zusammengefunden, deren größte durch Fatimas Kollegen vom Landratsamt gebildet wurde, deren geräuschvollste aber die der Leydenfrost'schen Verwandtschaft war. Denn außer dem Winsener Zweig der Familie waren auch die in Baden und Franken sesshaft gewordenen Söhne Onkel Eckhardts mitsamt ihren Frauen und zahlreichen Kindern gekommen, unter denen auch welche waren, die eine antiautoritäre Erziehung genossen hatten, so dass das laute Reden, Lachen und Schreien, das manche der Anwesenden für typisch wessihaft hielten, kaum noch erträglich war. Da aber alle Gäste, um verstanden zu werden, lauter als gewöhnlich sprechen mussten und das Geigenquartett der Kreismusikschule die Warteminuten zum Stimmen der Instrumente nutzte, wuchs der ohrenbetäubende Lärm stetig an.

Nur in geringem Maße an diesem beteiligt war die kleine Delegation von Hedwigs Parteifreunden, zu der außer der auffallend vornehm gekleideten Frau Grünlich drei weitere Frauen mittleren Alters gehörten, von denen eine, ganz in Wolle gehüllte, sich mit ihrem Strickzeug beschäftigte und zwei andere ein Spruchband emporhielten, auf dem »Wir alle sind Ausländer!« zu lesen war.

Zu den wenigen Gästen, die hier keine Bekannten hatten, folglich auch keinen Lärm verursachten, gehörte auch Annalena Schmalfuß, die von ihrer Mutter, die mit dem Mikrophon umhereilen musste, zum Freihalten ihres Platzes verurteilt worden war. Statt den sonnigen Ferientag am Badestrand zu verbringen, hatte sie in der Hoffnung, in Wittenhagen auf Walter Kunze zu treffen, die Mutter zu der langweiligen Veranstaltung begleitet und bei der Wahl des Sitzplatzes darauf geachtet, dass sie den Eingang im Auge behielt. Nach der fünften von ihr verzehrten Salzstange war Walter dann auch im Eingang erschienen, hatte sich aber, ohne sie zu beachten, bei den lärmenden West-Leydenfrosts niedergelassen, wo er, wie sie beobachten konnte, mit einem rotblondbezopften Mädchen redete und lachte und ihr nicht mehr von der Seite wich.

Der Partyservice hatte die Tische zu einer langen

Tafel zusammengeschoben, deren hintere Stirnseite, wie ein Blumenarrangement zeigte, für die Jubilarin bestimmt war. An der seitlich davon installierten Theke für die später zu servierenden Speisen und Getränke hatte jetzt noch das Violinquartett Platz genommen, das für die feierliche Eröffnung engagiert worden war.

Da die Plätze in der Nähe der Jubilarin von den Leydenfrosts besetzt worden waren und die Leute vom Landratsamt noch schwatzend umherstanden, hatten sich zwei allein gekommene Gäste, nachdem sie sich vergeblich nach einem ihnen bekannten Gesicht umgesehen hatten, an den vorderen Teil der Tafel gesetzt. Dr. Kunze, ein älterer Herr im schwarzen Anzug, dessen weißes Hemd statt der üblichen Krawatte eine rote Fliege schmückte, war, wie Wilhelmine später anerkennend sagte, so rücksichtsvoll gewesen, die neue Gattin nicht mitzubringen und sich, ohne in der Villa vorzusprechen, gleich ins Festzelt zu begeben, wo er nach seinem Sohn Walter, den er jahrelang nicht gesehen hatte, Ausschau hielt. Unter den lärmenden West-Leydenfrosts glaubte er ihn zwar erkennen zu können, aber da er dessen nicht sicher sein konnte, wartete er das Erscheinen Wilhelmines ab.

Ähnlich zurückhaltend verhielt sich Frau Hartke, die gleichzeitig mit ihm das Festzelt betreten hatte und wie er hier unbekannt war. Sie war für diese ländliche Gesellschaft viel zu vornehm gekleidet, und ihre ungeschminkten Gesichtszüge, die frühere

Schönheit verrieten, zeigten, dass sie sich dessen jetzt erst bewusst geworden war. Sie war mit dem Taxi aus Berlin-Dahlem gekommen, um Rainers Vater zu sagen, dass sein Sohn noch immer nicht kommen könne, inzwischen aber genesen sei.

Während sie noch erwog, die in ihrer Nähe sitzende Annalena zu fragen, ob sie ihr Herrn Leonhardt Leydenfrost zeigen könne, wurden schon die vor dem Zelt stehenden Gäste von Kulicke gebeten, ihre Plätze einzunehmen, so dass alles hereinströmte und Frau Hartke nun zwei Parteifreundinnen Frau Grünlichs als Nachbarn hatte, die ihr auf Anfrage erklärten, sie seien hier nicht weniger fremd als sie.

Nachdem sich die Unruhe des Platzsuchens gelegt hatte, kam in Erwartung der Jubilarin eine Stille über die Geburtstagsgesellschaft, die aber, als weder Hedwig noch Leo sich sehen ließen, schnell wieder verging. Als eines der fränkischen Kleinkinder mit spitzen Schreien auf sich aufmerksam machte, kam wieder Bewegung in die wartende Menge, Mineralwasserflaschen wurden geräuschvoll geöffnet und die erst flüsternd dem Nachbarn gestellte Frage, warum man wohl auf das Geburtstagskind so lange warten müsse, wurde des steigenden Lärms wegen lauter und lauter gestellt.

Eine Viertelstunde später, als der Lärm die vorherige Lautstärke wieder erreicht hatte, fühlte sich Frau Schmalfuß, die den Platz neben ihrer Tochter wieder eingenommen hatte, als Mitglied des Fördervereins zur Wiederherstellung von Ruhe und Ordnung verpflichtet, was ihr, nachdem sie auf der Bank stehend mehrmals vergeblich ums Wort gebeten hatte, schließlich auch gelang. Während Borkowskis Männer, die sich dieses Bild natürlich nicht entgehen ließen, die Kameras auf sie richteten, entschuldigte sie die Verzögerung, die auch sie sich nicht erklären könne, und schlug vor, die Wartezeit für eine Mitteilung zu nutzen, die in der Tagesordnung der Festveranstaltung eigentlich erst für den Schluss vorgesehen war.

Nachdem sie sich namentlich vorgestellt und die Aufgaben des Fördervereins umrissen hatte, fühlte sie sich, wie sie sagte, dazu berechtigt, die hier Versammelten mit »Liebe Förderinnen und Förderer« anzureden und sie mit der Jubilarin zugleich hochleben zu lassen, denn die vom Förderverein FLÜCHTLINGSKINDER veranlasste Bitte, Blumen und Geschenke durch Willkommensspenden zu ersetzen, habe ein vielfaches Echo gefunden, mehrere Hundert Euro seien zusammengekommen, und für diese auch im Namen der hochverehrten Hedy Leydenfrost zu danken, glaube sie verpflichtet zu sein.

Der Beifall für ihre Rede, der von ihr eigenhändig begonnen und von der Menge aufgenommen wurde, verebbte schon nach wenigen Sekunden wieder, weil aller Blicke sich auf den Zelteingang richteten, wo zwei von Wilhelmine dirigierte Partyservice-Männer Kisten mit Weinflaschen und -gläsern hereintrugen und auf der Theke absetzten, worauf sich sofort Gäste dort einfanden und Wilhelmine, nachdem sie die Schüler mit ihren Geigen in eine Ecke beordert hatte, mit dem Einschenken begann.

35.

Fatima, die sich für Hedwigs pünktliches Erscheinen auf der Geburtstagsfeier verantwortlich fühlte, hatte in der Hoffnung, sie aufwecken zu können, schon mehrfach, erst leise, dann immer stärker an die Tür ihres Schlafzimmers geklopft. Als sie es um zehn Uhr erneut versuchte und wieder keine Reaktion erfolgte, trat sie, was eine Regelverletzung war, ohne Aufforderung ein. Sie hatte vor, an das Bett zu treten, die Schlaftrunkene um Verzeihung für das ungehörige Eindringen zu bitten und dann ihre Glückwünsche anzubringen, doch die Stille, die ihrer Aufforderung zum Erwachen folgte, ließ eine Vorahnung, die sie vor einigen Tagen bedrückt hatte, in ihr wieder lebendig werden, so dass sie, als sie beim Herantreten Hedwigs Gesicht auf dem Kopfkissen liegen sehen konnte, sofort wusste: Ihre Vorahnung hatte sich erfüllt.

Im Gegensatz zu Leo, der oft über den Tod redete, weil er meinte, dass die Vertrautheit mit ihm das Sterben möglicherweise leichter mache, hatte Hedwig solche Gespräche immer gescheut. Deshalb war es für Fatima alarmierend gewesen, die seit einigen Tagen schon kränkelnde Hedwig unvermittelt sagen zu hören, sie habe herausgefunden, dass das Sterben einfacher sei, als man gemeinhin denke, nur bereit dazu müsse man sein.

Bereit dazu ist sie also gewesen, dachte Fatima, und dieser Gedanke besänftigte etwas die Panik, die sie zu ergreifen drohte. An dieses bleiche, leblose Gesicht näher heranzutreten aber scheute sie sich.

Langsamen Schritts, um innerlich ruhig zu werden, ging sie zu Leo hinunter. Sie fand ihn über seine Papiere gebeugt am Schreibtisch sitzend, und als er sich aufrichtete, sah sie an seiner Miene, dass er an ihrer die schlimme Botschaft schon hatte ablesen können, so dass sie sich die vorbereiteten Worte: »Ich bitte dich, nicht zu erschrecken!« hätte sparen können, sie sagte sie aber doch.

Er erhob sich mühsam wie immer, und während er seinen schmerzenden Rücken zu straffen versuchte, fragte er: »Es ist also wahr?«, und als sie das mit einem Kopfnicken bejahte, sagte er, indem er sich in seinem schlurfenden Gang schon auf die Treppe zu bewegte: »Sie hätte uns auch weniger drastisch zeigen können, dass sie mit dem Gefeiertwerden nicht einverstanden war.«

Die Tote lag mit geschlossenen Augen auf dem Rücken, bis zum Hals zugedeckt. Deckbett und Kopfkissen waren so glatt und ordentlich, als sei es ihre Absicht gewesen, im Tode einen angenehmen Anblick zu bieten. Ihr fleischloses Gesicht mit den schmalen Lippen war streng wie immer und bis auf die wächserne Blässe unverändert, nur die Nase schien größer geworden zu sein.

»Ein Tod, aufs innigste zu wünschen!«, murmelte Leo und versuchte, um den Konventionen genügen zu können, sich an vergleichbare Sterbeszenen in der Literatur zu erinnern. Da ihm aber keine einfallen wollten, entschloss er sich schließlich dazu, sich über die Tote zu beugen und mit dem Empfinden, zu intim zu werden, ihr Haar zu streicheln. Einen Moment später aber wurde ihm die Ungehörigkeit dieser Geste auch schon bewusst.

Wie immer beim langen Stehen wurde ihm schwindlig vor Augen. Fatima setzte ihn in einen Sessel, und als er nach einem Arzt verlangte, um den Tod amtlich zu machen, bat sie, Anna holen zu dürfen, damit Hedwig nicht ohne Segen bleibe, worauf Leo, der wieder zu Kräften gekommen war, sagte: »Wehren kann sie sich jetzt nicht mehr dagegen, und möglicherweise ist es für sie ja auch gut.«

Erst als Fatima, die als moderne Frau ihr Mobiltelefon immer bei sich hatte, von Anna hören musste, dass sie, wie verabredet, vor dem Festzelt auf sie warte und sich der Verspätung wegen Sorgen mache, wurde sich Leo seiner gesellschaftlichen Pflichten wieder bewusst.

Schon an der Einfahrt des Gutshofes war der fröhliche Lärm aus dem Festzelt zu hören. Fatima, die Leo beim Gehen hatte stützen müssen, schwebte genau wie ihm noch immer das starre Antlitz der Toten vor Augen. Sie wusste also, was er meinte, als er kurz vor dem Zelteingang unvermittelt noch einmal seinen Zitatenschatz bemühte:

»Des Leibes bist du ledig, Gott sei der Seele gnädig.«

Außer Fatima konnte niemand das hören, und sie war Derartiges von ihm ja gewohnt.

36.

Ein Jahr später wurde im Pfarrhaus eines Dorfes in der Oberlausitz der dort tätigen Pastorin ein Brief aus Wittenhagen vorgelesen, der mit der Anrede »Liebe Fatima!« begann.

»Einem Greis, dem die Jahre schnell wie Tage enteilen und dessen körperliche Kräfte sich tagtäglich weiter verringern, wirst Du die Schreibfaulheit wohl nicht übelnehmen und ihm vielleicht sogar zugutehalten, dass ihm in den Wochen, die er Dich ohne Antwort ließ, das schlechte Gewissen schlug. In einem Alter, in dem die Muskeln verkümmern, gibt es Tage und Wochen, in denen auch der Wille nicht nur lahmt, sondern völlig versagt. In schlaflosen Nächten habe ich Dir im Geiste schon Briefe von Romanlänge geschrieben, deren Übertragung aber leider der modernsten Sendetechnik noch nicht glückt.

Dein lieber Brief vom Mai hat mir nicht nur die Sorge um Euch zerstreuen können, sondern mich auch hoffen lassen, Euch ab und zu mal sehen zu können, denn das ländliche Idyll, in das die Kirchenoberen die inkorrekte Anna verbannt haben, ist doch, wie ich mir von Landkarten habe bestätigen lassen, von dem meinen nicht gar zu weit entfernt. Mit Annas Rennfahrerkünsten, an die ich noch immer mit Schaudern zurückdenke, wird sich die Strecke wohl in drei bis vier Stunden bewältigen lassen, so dass ich auf einen Sonntagsnachmittagskaffeebesuch hoffen kann. Die Torte müsstet Ihr freilich mitbringen, denn ich habe mir neben anderen Freuden auch diese abgewöhnen müssen. Es gibt aber Schlimmeres, wie Cornelia immer sagt.

Dass ich meine Behausung noch immer als ländliche Idylle bezeichne, ist meiner Vergangenheitsbesessenheit geschuldet, auf die Gegenwart trifft diese Charakterisierung kaum noch zu. Denn Hoffmanns Edelherberge mit englischem Namen, in der aber, wie ich hörte, die Gäste noch in deutscher Sprache bedient werden, lässt dauernd Fremde hier ankommen und abreisen, vorwiegend Berliner und Dresdner, neulich aber auch Winsener Verwandtschaft, die sich dann verpflichtet fühlte, bei mir vorzusprechen, in der irrigen Meinung, mir fehle Gesellschaft. In Wahrheit aber fehlt mir die Hedwig, und Du fehlst mir und die Anna und vielleicht auch der Walter, der übrigens, nachdem es mit seiner Cousine nicht recht was wurde, in Hamburg unter die Studenten, Verzeihung: die Studierenden, gegangen ist. Gewählt hat er irgendwas Technisches mit guten Berufsaussichten, der Literatur hat er abgeschworen, weil die doch nichts bringe, wie er mir kürzlich am Telefon mitgeteilt hat. Ja, die Gattung der Bücherleser scheint wie die Feldlerche vom Aussterben bedroht zu sein.

Deine Frage nach Rainer beantworte ich ungern, weil dadurch die Narbe wieder zur offenen Wunde wird. Ich will ihn und mit ihm auch mein eignes Versagen vergessen, will mir den winzigen Rest meines Lebens nicht mit dieser Geschichte vergällen lassen, sie ist es nicht wert. Er ist, kurz gesagt, wieder im Lande, will aber von seinem Vater so wenig wissen wie von seiner langjährigen Geliebten, der guten Frau Hartke, die sich über ihn wohl zu Tode weint. Den Dienst hat er, mit Orden behängt, verlassen können, jetzt ist er als Kompagnon Hoffmanns tätig, wie ich von Wilhelmine weiß.

Diese hat, um auch das noch abzuhandeln, sich den Hoffmann tatsächlich angeln können, mir also erneut einen unsympathischen Schwiegersohn beschert. Möge sie, was ich für unwahrscheinlich halte, mit ihm glücklich werden, reich geworden ist sie durch ihn schon. Sie lebt jetzt in Potsdams vornehmster Vorstadt, besucht und empfängt Millionäre und terrorisiert ihr Dienstpersonal. Mich möchte sie gern in eine der sogenannten Seniorenresidenzen verfrachten, ich aber bin hier nicht wegzukriegen, schon allein der Bücher wegen nicht.

Hedwigs Wohnung habe ich bald nach Eurem Weggang vermietet, erst an einen englischsprechenden Arzt aus Syrien, den das Kreiskrankenhaus hierher gelockt hatte, ihn aber nicht lange hat halten können, da es in Berlin oder Potsdam mehr für ihn zu verdienen gibt. Mit der neuen Mieterin habe ich es besser getroffen, weil ich mich bei ihr nicht meines schlechten Englisch wegen schämen muss. Durch sie, einem Schwergewicht mit gutem Herzen und dem unpassenden Rufnamen Püppi, kann ich, und zwar in der Landessprache, allen Klatsch aus dem ›Seeblick‹ erfahren, und da sie in dem Edelschuppen als Kalte Mamsell arbeitet, bekomme ich ab und zu auch Kostproben all der Köstlichkeiten geboten, mit denen Hoffmann dort seine Gäste verwöhnt. Als Fazit dieser späten Erfahrung im Kaviar- und Austernessen kann ich nur ›Pasteten hin, Pasteten her …‹ zitieren – erinnerst Du Dich noch? Als Zehnjährige konntest Du alle drei Strophen fehlerfrei aufsagen, für mich ist das gar nicht so lange her.

Hoffmann übrigens, den ich nie leiden konnte, aber seiner Tatkraft und Findigkeit wegen widerwillig bewundern musste, ist in Wittenhagen und Umgebung sozusagen heiliggesprochen worden, weil er Arbeitsstellen geschaffen hat. Manch Wittenhagener und Kossower, der bisher vor Tau und Tag nach Berlin oder Frankfurt / Oder zur Arbeit fahren musste, kann jetzt im ›Seeblick‹ oder in Kulickes Schutztruppe sein Brot verdienen, und außerdem will die im Volk kursierende Sage wissen, dass Sankt Hoffmann uns vor den jungen Afghanen und Nordafrikanern bewahrt hat. Leider kann ich nicht ausschließen, dass meine gute Wilhelmine am Entstehen dieser Legende Anteil hat.

Anna wird wohl interessieren, dass die Kirchenoberen, die sie hatten loswerden wollen, einen Nachfolger gefunden haben, der ihnen besser passt. Der junge Mann, der schon in seiner Probepredigt hatte verlauten lassen, dass er inkorrekte Lieder wie ›Ein' feste Burg ist unser Gott‹ nicht über die Lippen bringe, hat mit seinen geschlechtsneutralen Bibellesungen und Gebeten nun auch noch die letzten Kirchgänger vertrieben, so dass die Rock-Band, die seine Gottesdienste manchmal begleitet, sich vor völlig leeren Kirchen abrackert, es sei denn, was aber selten vorkommt, ein gelangweilter Gast des ›Seeblick‹ verirrt sich dorthin.

Über mich selbst ist nur zu sagen, dass ich zwar neuerdings das Schlafquantum eines Kleinkindes benötige, mich sonst aber den Umständen entsprechend wohl befinde, mich der Bücher und der Erinnerungen wegen noch nie gelangweilt habe, in politischer Hinsicht aber sorgenvoll bin. Wenn ich mich an gesundheitlich wackligen Tagen gemütsmäßig gehenlasse, sucht mich die Schreckensvision eines moslemisch gewordenen Europa heim. So wie mich frühere Albträume in die Männerwelt des Militärs zurückversetzten, muss ich mich jetzt in Reih und Glied inmitten bärtiger Männer auf einem Gebetsteppich hocken sehen.

Da die altersbedingten Verkümmerungen, die mir auch den Gang durchs Dorf nicht mehr erlauben, leider nicht meinen Haarwuchs hemmen, kommt Cornelia an jedem Ersten des Monats mit ihren

Handwerkszeugen und ihrem Dorfklatschwissen zu mir heraus. Zu ihren Lebensregeln gehört die Notwendigkeit einer warmen Mahlzeit täglich, und da sie zu wissen glaubt, dass Männer nicht kochen können, erfreut sie mich manchmal mit ihren Kohlrouladen, die ich schlecht vertrage, oder mit Grünebohneneintopf, der dann für mich drei Tage lang reicht.

Hedwigs Behauptung, dass das Sterben einfacher ist, als man denkt, will ich vorläufig noch nicht auf ihren Wahrheitsgehalt überprüfen, dafür ist meine Neugier auf die Ergebnisse der nächsten Bundestagswahlen gar zu brennend, meine Vorfreude auf manche Dichtung, die ich noch nicht kenne, zu verlockend und mein Ärger über die fortschreitende Verschandelung meines geliebten Deutsch zu groß. Ich warte noch auf einen ersten Anschein von Rückbesinnung, um am Grabe die Hoffnung aufpflanzen zu können.

In diesem Sinne, d. h. in dem des von mir gerade wiederentdeckten Schiller, grüßt Euch herzlich

Euer Leonhardt Leydenfrost«

Günter de Bruyn

Die Zeit der schweren Not

Schicksale aus dem Kulturleben Berlins 1807 bis 1815

Band 18790

Berlin nach der Niederlage gegen Napoleon. Preußen liegt wirtschaftlich und politisch am Boden. Zugleich aber öffnet gerade die Niederlage Preußens Weg in die Moderne, und kulturell ist es eine Zeit faszinierender Persönlichkeiten und Geschichten, die Günter de Bruyn mit feinem Gespür für die Widersprüche der Epoche und großer erzählerischer Kraft vor Augen führt.

»Günter de Bruyn macht uns zu Zeugen von Preußens fruchtbarster Epoche. Erstrangige Geschichtsschreibung und großartige Literatur.«
Daniel Kehlmann

»Sein Buch ist ein faszinierendes Sozial- und Milieubild, von umfassender Belesenheit, in meisterhaft zurückhaltender Manier erzählt.«
Michael Braun, Rheinischer Merkur

»De Bruyns Buch ist ein Idealfall kulturgeschichtlicher Betrachtung.«
Helmut Böttiger, Deutschlandradio Kultur

Fischer Taschenbuch Verlag

fi 18790 / 1

Theodor Fontane
Gedichte
Ausgewählt von Günter de Bruyn

Theodor Fontanes schönste Gedichte, gesammelt von Günter de Bruyn. Eine fundierte und sehr persönliche Auswahl, in deren Zentrum neben den berühmten Balladen vor allem Fontanes lebenskluge Alterslyrik steht. Mit einem Nachwort und Anmerkungen von Günter de Bruyn.

176 Seiten, gebunden